세상이 보이는 스팀사이언스 100

세상이 보이는
스팀사이언스 100

STEAM ···· 과학 기술 공학 예술 수학

제니 제이코비 글 | 비키 바커 그림 | 신나는 과학을 만드는 사람들 옮김
임현구 서윤희 정지수 신다인

파란자전거

함께 만든 사람들

이 책은 광범위한 과학의 개념들을 간단히 찾아볼 수 있게 만든 사전 형식의 책이에요. 그렇다고 궁금하거나 모르는 것이 있을 때만 보는 건 아니에요. 언제든 책을 펼치면 말랑말랑한 과학 상식이 귀여운 그림과 단순 명쾌한 설명으로 펼쳐지니까요. 또 연관된 개념이 다양한 방법으로 여러 번 나와서, 의도치 않게 복습이 되어 머릿속에 남게 됩니다.

한 나라의 언어를 안다는 것은 그 나라의 새로운 문화와 접하게 되는 가장 가깝고 재미있는 길이라고 생각합니다. 과학이라는 나라의 언어를 배우면 과학이 좀 더 흥미롭고 재미있는 세계가 되겠지요. 책을 열어 과학이라는 나라를 탐험해 볼까요? 신기하고 흥미진진한 과학에 첫발을 내딛는 여러분을 환영합니다.

한성과학고등학교 과학 교사
옮긴이 대표 **임현구**

우리는 모두 각자의 머릿속에 '생각의 숲'을 가지고 있습니다. 그 생각의 숲을 이루는 생각의 나무들은 오랜 시간 동안 많은 말과 글, 그림, 경험 등을 통해 머릿속에 들어와 싹을 틔우고 뿌리내렸죠. 점점 복잡해지는 현대 사회는 생각의 숲을 엄청나게 키워야만 한다고 요구합니다. 그럼 많은 씨앗과 영양분이 필요하겠죠? 이 책에 담긴 100개의 단어는 정말 좋은 씨앗과 영양분입니다. 처음 접한 친구들에게는 씨앗이, 이미 알고 있던 친구들에게는 영양분이 되어 여러분의 '생각의 숲'이 무럭무럭 클 수 있게 도와줄 것입니다. 처음 책의 차례를 접하고 그런 확신이 들어 번역 작업을 하기로 결심했고, 본문 내용을 읽을수록 확신이 들었습니다. 제 생각의 나무도 커지는 게 느껴졌거든요! 뿌리를 단단히 내린 나무는 흔들림 없이 몸집을 키울 수 있습니다. 재미있거나 기억에 남는 단어가 있다면, 그와 관련된 다른 책을 읽고 경험을 쌓아 내 '생각의 숲'을 잘 가꿔 보세요. 여러분의 '생각의 나무'가 무럭무럭 자라고, '생각의 숲'이 풍성해지길 바랍니다.

한성과학고등학교 과학 교사 **서윤희**

세상이 보이는 과학이라니 무슨 내용일지 궁금하기도 하고 재미있어 보인다고요? 맞습니다. 주로 과학과 관련된 내용들이지만 스팀(STEAM)이라는 제목처럼 수학도 있고, 예술도 있고, 인공지능도 있어요. 그러니 세상을 구성하는 다양한 분야를 접할 수 있는 거죠. 지금 바로 책을 펼쳐서 궁금한 내용을 확인해 보세요. 자연, 우주, 수학, 화학에 관한 것으로 크게 분류되어 있지만, 어느 것을 먼저 보아도 상관없습니다. 궁금한 주제가 있다면 그것부터 먼저 찾아봐도 돼요. 각 주제마다 짧지만 명쾌한 설명과 이해를 돕는 그림들이 여러분을 기다리고 있어요.

오산고등학교 과학 교사 **정지수**

과학과 기술이 우리가 사는 세상을 계속해서 만들어 감에 따라, 스팀(STEAM)이라고 하는 과학, 기술, 공학, 예술, 수학 분야에 대해 아는 것은 세상을 이해하기 위해 매우 중요합니다.

이러한 주제는 현대 사회의 기반을 형성할 뿐만 아니라 창의성, 혁신, 그리고 문제 해결을 위한 바탕을 제공하지요. 그러나 스팀의 많은 개념과 추상적인 용어는 이해하기 어려울 수 있습니다. 이것이 바로 《세상이 보이는 스팀사이언스 100》이 나온 이유입니다.

이 책은 가장 중요한 스팀 개념과 용어 100개를 쉽고 공감하며 재미있게 접근할 수 있도록 설명한 가이드입니다. 로봇이 궁금하거나, 우주여행이 궁금하거나, 아니면 세상이 어떻게 돌아가는지가 궁금하다면 이 책이 좋은 출발점이 될 것입니다

창덕여자고등학교 과학 교사 **신다인**

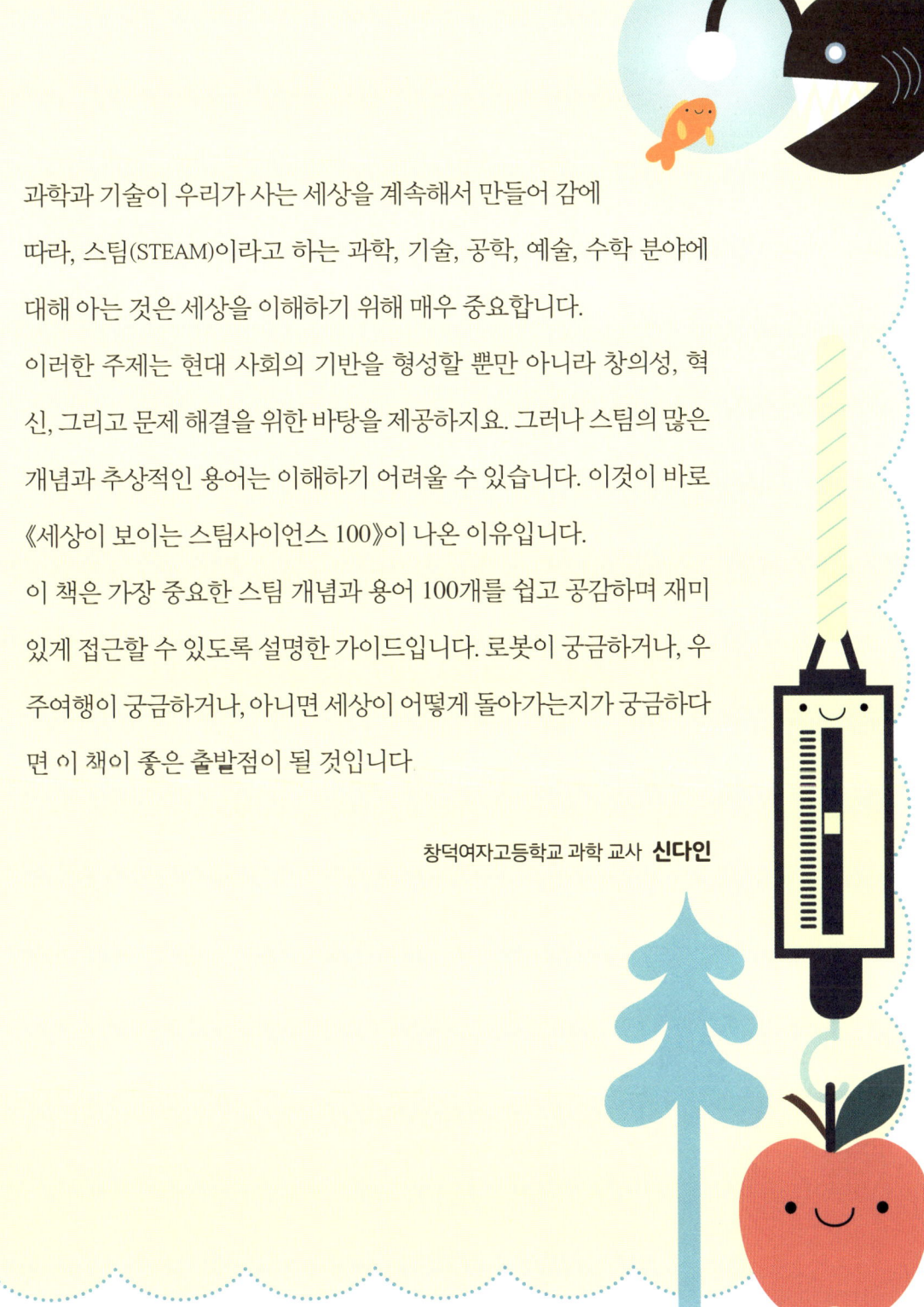

차례

함께 만든 사람들 • 4   이렇게 사용해요! • 10   STEAM이 뭐예요? • 11

자연과 생물

해부학 • 14	핵 • 26	발아 • 38
인지 • 15	지질 • 27	균류 • 39
호흡 • 16	영양소 • 28	광합성 • 40
후각 • 17	난황 • 29	엽록소 • 41
시각 • 18	적응 • 30	낙엽 • 42
신장(콩팥) • 19	생물 발광 • 31	물 순환 • 43
면역학 • 20	반향정위 • 32	대기 과학 • 44
염색체 • 21	공생 • 33	화석 • 45
DNA • 22	동물학 • 34	양추아노사우루스 • 46
염기 서열 • 23	생태계 • 35	분석 • 47
생식 • 24	생산자 • 36	
미토콘드리아 • 25	영양 단계 • 37	

힘과 우주

원자 • 50	진공 • 58	전압 • 66
쿼크 • 51	중력 • 59	교류 • 67
양자 물리학 • 52	뉴턴 • 60	파동 • 68
브라운 운동 • 53	마찰 • 61	방사선 • 69
빅뱅 • 54	관성 • 62	회절 • 70
목성 • 55	속도 • 63	반사 • 71
궤도 • 56	전자기 • 64	열역학 • 72
세계시 • 57	천연 자석 • 65	자외선 • 73

💡 수학과 예술 속 똑똑한 발명품

- X-선 • 76
- 초음파 • 77
- 발전기 • 78
- 트랜지스터 • 79
- 절연체 • 80
- 기압계 • 81
- 광섬유 • 82
- 와이파이 • 83
- AI(인공지능) • 84
- 기계 • 85
- 원근법 • 86
- 스케치 • 87
- 해칭 • 88
- 이탤릭체 • 89
- 기하학 • 90
- 수 • 91
- 영(0) • 92
- 소수 • 93
- 알고리즘 • 94
- 루프 • 95
- 피보나치 수열 • 96
- 가설 • 97
- 데이터 • 98
- 변수 • 99

🔥 화학과 반응

- 켈빈 온도(절대 온도, K) • 102
- 분젠 버너 • 103
- pH • 104
- 비료 • 105
- 결합 • 106
- 증발 • 107
- 온실가스 • 108
- 오존 • 109
- 판구조론 • 110
- 변성암 • 111
- 퇴적암 • 112
- 화성암 • 113
- 지진학 • 114
- 이터븀 • 115
- 다이너마이트 • 116
- 중합체 • 117
- 점성 • 118
- 효모 • 119

세상이 보이는 STEAM 개념어 사전 • 121

이렇게 사용해요!

이 책은 과학(Science), 기술(Technology), 공학(Engineering), 예술(Art), 수학(Mathematics) 분야에서 쓰이는 개념 가운데 100개를 골라 설명합니다. 한 페이지에 용어 하나씩 배치해 찾아보기 쉽고, 부담스럽지 않게 다가갈 수 있지요. 그렇다고 내용이 부족한 건 아니에요. 용어의 기본적인 의미는 물론이고 관련된 인물과 사건, 놀라운 이론들도 함께 다룹니다. 간결하면서도 재치 있고 매력적인 그림은 여러분이 개념을 이해하는 데 큰 도움이 돼요.

100개 전문 용어는 네 가지 분야로 나누어 설명해요. 자연과 생물, 힘과 우주, 수학과 예술 속 똑똑한 발명품, 화학과 반응이에요. 관심 있는 분야를 먼저 읽어도 좋고, 동영상을 보거나 다른 책을 읽다가 잘 모르는 용어나 개념이 있다면 찾아서 살펴볼 수도 있어요.
대표 용어는 100개지만, 각 용어를 설명하면서 관련된 또 다른 200여 개의 개념어도 다루고 있어요. 추가된 용어는 볼드체(굵게)로 표시하거나 잘 보이는 색으로 표시해 쉽게 알아볼 수 있어요. 100개 용어와 관련 개념어들은 '세상이 보이는 STEAM 개념어 사전'을 이용해 쉽게 찾을 수 있고, 간단한 용어 설명도 함께 실어 용어집으로도 손색이 없어요.

스팀(STEAM)의 세계는 여러분이 전에 경험하지 못한 흥미진진한 개념과 기발한 생각들로 가득합니다. 《세상이 보이는 스팀사이언스 100》을 통해 그동안 무심코 지나쳤던 주변을 새롭게 발견하고, 더욱 풍성하고 특별한 세상과 만날 수 있을 거예요.
자, 이제 새로운 세상과 만날 준비가 되었나요?

호기심 한가득 안고 즐거운 여행 되세요!

STEAM이 뭐예요?

STEAM(스팀)은 과학(**S**cience), 기술(**T**echnology), 공학(**E**ngineering), 예술(**A**rt), 수학(**M**athematics)의 첫 글자를 모아 만든 단어예요. 각각의 분야는 서로 영향을 주고받으며 밀접하게 연결되어 있습니다.

과학은 자연 세계를 관찰하여 연구하고, 원자보다 작은 것부터 태양계에서 가장 큰 천체인 목성보다 더 큰 것까지 자연 세계가 어떻게 연결되어 움직이는지 더 깊게 이해하기 위해 가설을 세우고 이를 검증합니다.

기술과 **공학**은 과학이 발견한 세상에 대한 지식을 사용해 더 나은 삶을 살고 세상의 문제를 해결하는 데 도움이 되는 도구와 기계를 만듭니다.

새로운 생각을 떠올리고 떠올릴 수 있도록 돕는 것은 스팀의 각 분야에서 매우 중요합니다. **예술**은 기발한 생각을 떠올릴 수 있도록 자극을 주고, 그 생각을 구체적으로 표현하기 위한 창의력을 키우는 데 도움을 줍니다. 예술가는 기술을 사용해 예술 작품을 창조하고, 예술가와 예술 작품은 기술과 공학 분야에서 새롭고 기발한 생각을 떠올리도록 자극합니다.

수학은 숫자와 기술을 사용해 자연 세계에 관한 몇 가지 규칙을 알아냅니다. 또 모든 스팀 분야의 작업이 정확한지 확인할 수 있도록 돕습니다.

자연과 생물

1

해부학

인체를 연구하는 생명 과학의 한 영역.
해부학은 인체 각 부분의 생김새와 작동하는 방법을 연구한다.

동물이나 식물의 내부 생김새를 연구하기 위해 조심스럽게 잘라서 열고 내부의 각 부분을 관찰하는 것을 해부라고 해요. 과학자는 관찰한 대상을 사진으로 찍거나 그림으로 그리고, 크기와 생김새와 상태를 다른 표본과 비교하지요. 표본은 생물의 몸 전체나 일부에 적당한 처리를 해 보존할 수 있도록 한 거예요.

요즘은 MRI 스캐너라는 검사 기기를 사용해서 살아 있는 사람의 내부를 자르거나 해부하지 않고 안전하고 고통 없이 관찰할 수도 있어요. 자기공명영상 스캐너라고도 해요.

초음파를 이용하면 심지어 엄마 배 속에 있는 아기 모습도 볼 수 있어요. 이 기술은 아기의 몸이 잘 크고 있는지 확인하기 위해 사용해요.

77p 참조

고대 해부학

500년 전, **레오나르도 다빈치**는 병원에서 가져온 시신을 주의 깊게 관찰하고 그림으로 그리며 해부학을 연구했어요. 다빈치가 해부학을 공부했기 때문에 근육이 어떻게 움직이는지 이해했고, 이런 과학의 이해가 수많은 발명품을 만드는 데 큰 자극을 주었지요.

인지

우리의 사고 과정과 모든 경험이 뇌로 들어와서 정보가 되는 과정.

우리가 보고, 듣고, 맛보는 등 감각을 통해 세상에 대해 알게 되는 것을 지각이라고 해요. 인지는 감각을 통해 지각한 것을 어떻게 이해하고 판단하는지에 대한 보다 높은 수준의 사고 과정이에요.

인지 과정에는 내가 알고 있는 정도나 관심이 있는 정도, 내 경험과 문제를 해결하는 방식, 이유를 설명하는 방법이 영향을 미쳐요. 이를테면 같은 사과를 보고 뉴턴이라는 과학자는 만유인력을 생각했고, 세잔이라는 화가는 새로운 미술 기법을 탄생시켰어요.

다른 동물의 마음

사람을 제외한 다른 동물은 사람과 다르게 생각해요. 동물과 사람의 인지를 비교하는 것이 사람의 인지를 이해하는 가장 좋은 방법이 될 수 있어요.
과학자들은 고릴라에게 수화를 가르치면서 고릴라가 의사소통을 훌륭하게 할 수 있다는 점, 인간 어린이처럼 언어를 학습한다는 점, 인간이 느끼는 것과 같은 많은 감정을 표현할 수 있다는 점을 알게 되었어요.

호흡

몸속으로 **산소**를 들어오게 하고, 몸 밖으로 **이산화탄소**를 내보내는 작용. 들숨과 날숨은 호흡 과정의 일부분일 뿐이고, 호흡 전체 과정은 폐의 깊은 곳에서 **기체**를 **교환**하는 과정을 포함한다.

코
입
기관
폐
기관지
세기관지
횡격막
폐포
모세 혈관

우리가 숨을 들이마시면 공기가 코를 통해 **기관**과 **폐**로 내려가요.

기관은 오른쪽과 왼쪽 폐에 연결된 **기관지**로 나뉘어요. 기관지는 다시 **세기관지**로 나뉘죠. 세기관지가 닿아 있는 곳은 **폐포**라고 불리는 작은 공기 주머니예요. 폐포에서 산소와 이산화탄소 교환이 일어나고요.

들숨일 때는 폐가 커져서 몸 밖에서 공기가 들어와요. 이때 갈비뼈가 올라가고 횡격막이 내려가지요. 날숨일 때는 폐가 찌그러져서 부피가 작아지고 공기를 몸 밖으로 밀어내게 돼요. 이때는 갈비뼈가 내려가고 횡격막이 올라갑니다.

기체 교환

가는 혈관이 폐포에 매우 가까이 있어요. 혈관과 폐포 사이에서 이산화탄소(CO_2)와 산소(O_2)가 폐포 속 공기와 혈관 속 혈액 사이를 쉽게 이동할 수 있어요. 양이 많은 곳에서 적은 곳으로 이동하는데, 산소는 폐포 속 공기에서 혈액으로, 이산화탄소는 혈액에서 폐포로 이동해요.

후각

냄새를 맡는 감각. 후각은 **시각, 청각, 촉각, 미각**과 함께 사람이 가진 5개 감각인 오감 중 하나다. 다른 동물과 식물은 이 다섯 가지 혹은 그 이상의 감각을 지닌다. 성인은 1만 가지의 서로 다른 냄새를 구분할 수 있다.

숨을 들이쉴 때 코로 들어오는 공기 중의 작은 입자나 화학 물질을 냄새라고 느껴요. 먼저, 공기는 콧속 공간인 비강의 코털과 콧속을 축축하게 유지해 주는 점막을 지나요. 비강에 냄새 입자가 들어오려면 물에 녹은 상태여야 해요.

콧구멍 / 비강 / 냄새 입자 / 후각 세포막

코로 들어온 냄새 입자가 콧속의 더 깊은 곳에 도달하면 입자는 그곳에 있는 후각 **세포**에 녹아들어요. 후각 세포에는 후각 수용체 세포가 있는데, 이 후각 수용체 세포가 입자를 알아보게 되지요. 입자를 알아본 후각 수용체는 후각 신경을 통해 뇌로 정보를 보내고요. 이것이 우리가 냄새를 맡는 과정이에요.

우리는 왜 냄새를 맡아야 할까?

후각은 안전하게 먹어도 되는 것, 만지면 안 되는 것을 알아내는 데에 도움을 줘요. 나쁜 냄새를 맡으면 얼굴을 찌푸리고 피하게 되죠. 이 작용은 우리를 위험하게 하는 세균(박테리아)으로부터 우리를 보호해요.

시각

오감 중 하나다. 우리가 눈으로 본 것은 **시신경**을 통해 대뇌의 **시각 피질**로 전달되어 그것이 무엇인지 이해하고 파악하게 된다.

물체에 반사된 **빛**은 눈의 앞쪽에 있는 **동공**이라 부르는 구멍으로 들어와요. **수정체**는 눈알의 뒤쪽에 있는 **망막**에 빛이 또렷하게 맺힐 수 있도록 해요.

- 동공
- 수정체
- 홍채
- 시신경
- 시각 피질
- 망막

망막은 빛에 민감한 세포로 덮여 있는데, 사람의 경우 양쪽 눈에 각각 1억 개 이상의 **세포**가 있어요. 이 세포들은 우리가 본 정보를 시신경을 따라 뇌의 시각 피질로 전달해요.

명암 조절

홍채(눈에서 색이 있는 부분)는 동공의 크기를 조절해서 빛이 들어오는 양을 조절해요. 어두운 곳에서는 동공이 커지고, 밝은 곳에서는 홍채가 확장되어 동공을 작게 만들어요. 어떤 사람들은 수정체가 적절하게 작동하지 않아서 이를 돕기 위해 안경이나 콘택트렌즈를 사용해요.

신장 콩팥

작고 콩처럼 생긴 **기관**. 우리 몸의 혈액에서 노폐물을 **오줌**으로 만들어 몸 밖으로 버린다. 대개 2개의 신장이 한 쌍으로 작동하며 등의 아랫부분에 있다.

신장은 하루에 40번이나 우리 몸의 혈액을 걸러 줘요.

혈액은 신장을 통과할 때 가는 혈관을 흐르면서 100만 개의 필터를 거치게 돼요. 이 필터를 네프론, 혹은 신소체라고도 해요. 여기에서 혈액으로부터 물과 노폐물이 분리되어 오줌이 되고, 걸러진 혈액은 온몸으로 이동해요.

- 신장
- 수뇨관
- 방광
- 요도
- 동맥 (피가 들어감)
- 정맥 (걸러진 피가 나옴)
- 수뇨관 (오줌이 방광으로 이동)

여분의 신장

질병이나 사고로 신장이 훼손되어 하나를 떼어 내야 한다면, 남은 신장 하나로도 건강히 살 수 있어요. 남은 신장은 2개의 신장이 하던 일을 하기 위해 하나일 때보다 커져요.

오줌은 수뇨관을 거쳐 신장 밖으로 이동해 방광에 이르게 돼요. 방광에는 우리가 화장실에 갈 때까지 오줌이 모이지요.

면역학

우리 몸의 면역계가 외부의 질병과 싸우는 방법에 관해 연구하는 학문. 면역계는 몸의 특정 부위가 아니라 전체에 걸쳐 우리가 아프지 않도록 병원균과 끊임없이 싸운다. 이때 **기관**, **조직**, 많은 종류의 다양한 **세포**들이 서로를 도와 가며 일한다.

면역계는 **병원체**처럼 우리 몸에 들어온 위험한 것과 음식이나 약, 유용한 **미생물**처럼 우리 몸에 도움이 되는 것을 구분할 수 있어요.

적혈구 · 백혈구 · 혈액의 흐름

병원체가 발견되면 **백혈구**는 병원체를 공격하기 위해 혈액의 흐름을 따라 이동해요. B 세포는 **항체**를 만들어서 병원체와 싸우고요. 각각의 항체는 특정한 **항원**을 알아보고 결합할 수 있어요.

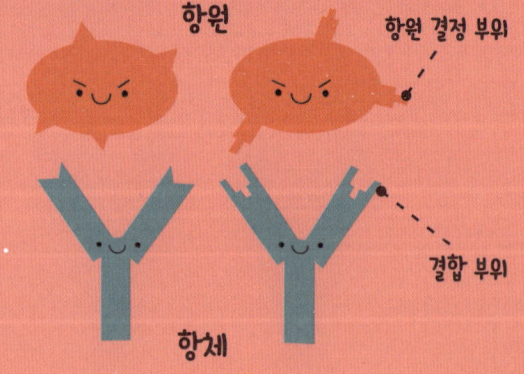

항원 · 항원 결정 부위 · 결합 부위 · 항체

면역

면역에는 두 가지가 있어요. **선천성 면역**은 태어날 때부터 가지고 있고 병원체가 침입했을 때 처음으로 일어나는 일반적인 면역 반응이에요. 후천성 면역이라고도 하는 **적응 면역**은 영리한 면역 반응이에요. 우리 몸이 새로운 병원체를 만나서 싸울 때마다 그 특징과 대처법을 기억했다가 다음에 같은 병원체가 오면 전보다 빠르게 싸울 준비를 할 수 있어요. **백신**을 맞으면 적응 면역이 생겨요.

염색체

적혈구를 제외한 신체 모든 **세포**의 **핵**에서 발견되는 **DNA 분자** 한 쌍의 긴 가닥. DNA는 몸 안에 있는 모든 것을 만들기 위해 필요한 암호인 **유전자**를 포함하고 있다.

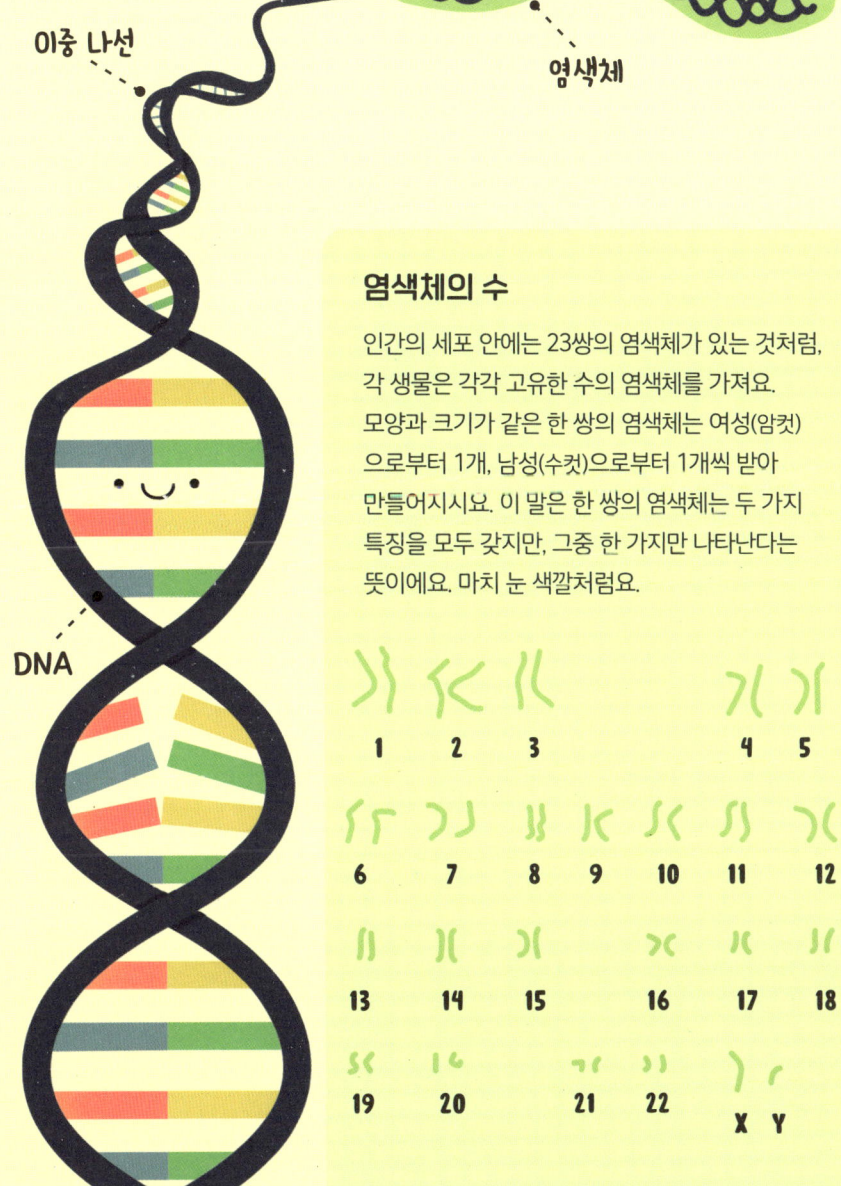

이중 나선

염색체

각 염색체는 DNA 두 가닥이 이중 나선 형태로 꼬여 있어요.

세포가 단백질(몸을 구성하는 물질)을 만들고 싶을 때, 염색체의 이중 나선이 풀리고 두 가닥 중 한 가닥만 단백질로 만들어져요. 이를 전사라고 불러요.

DNA의 암호를 이용하여 단백질을 만드는 세포소기관을 리보솜이라고 해요.

DNA

염색체의 수

인간의 세포 안에는 23쌍의 염색체가 있는 것처럼, 각 생물은 각각 고유한 수의 염색체를 가져요. 모양과 크기가 같은 한 쌍의 염색체는 여성(암컷)으로부터 1개, 남성(수컷)으로부터 1개씩 받아 만들어지죠. 이 말은 한 쌍의 염색체는 두 가지 특징을 모두 갖지만, 그중 한 가지만 나타난다는 뜻이에요. 마치 눈 색깔처럼요.

DNA

모든 생물이 자라고 **생식**하는 데에 필요한 유전 물질을 포함하는 **분자**.
DNA가 여러 겹 꼬이면 염색체가 된다.

DNA의 긴 가닥은 **당**으로 된 뼈대와 뼈대를 따라 네 가지 화학 물질(염기) 중 하나가 일정한 간격으로 붙어 있어요.

아데닌
구아닌
사이토신
티민

이 화학 물질들은 반드시 특정 화학 물질과 쌍을 이루려고 하는데, 이런 특징 때문에 짝을 이루는 DNA 두 가닥이 합쳐질 수 있어요.

아데닌(A) 은 티민(T) 과 쌍을
구아닌(G) 은 사이토신(C) 과 쌍을

DNA를 핵산이라고 하는 이유는?

DNA는 데옥시리보 핵산(**D**eoxyribo**N**ucleic **A**cid)의 앞 글자예요. 데옥시리보스는 긴 두 가닥의 뼈대를 이루는 당 이름이고, **세포**의 **핵**에서 발견되는 **산**이기 때문에 핵산이라고 불러요.

염기 서열

DNA 분자 중 염기가 특정한 순서에 따라 배열되어 있는 것.
서열에 포함된 정보가 옳게 전달되어야 하기 때문에 순서가 중요하다.

인간 게놈 프로젝트는 인간이 가진 유전체를 해독했어요. 다시 말해 각 **염색체**의 **유전자**를 구성하는 **염기** 순서를 알아냈다는 말이에요. 염기는 아데닌, 구아닌, 사이토신, 티민을 말해요.

우리는 단 며칠 만에 사람의 유전체(게놈) 시열 (염기들의 순서 목록)을 읽을 수 있지만, 각 유전자가 무엇을 하는지는 모두 알 수 없어요. 또 어떤 경우에는 염기 서열의 배열 순서가 잘못되어 질병이 나타날 수도 있다는 것을 알 수 있어요.

서열 백과사전

온라인 서열 백과사전은 다양한 수학적 숫자 배열 방식이 등록된 곳이에요. 전화기 키패드의 숫자를 이용하여 〈스타워즈〉 주제곡을 연주하는 방법부터 **소수**의 숫자 순서까지 온갖 아이디어를 다루는 30만 개 이상의 항목들이 있어요.

생식

생명체가 자신이 죽은 뒤에도 유전 물질을 계속 전달할 복제본을 만드는 것으로, 번식이라고도 한다. **유성 생식**은 암컷과 수컷의 생식 세포가 합쳐져 자손을 만들고, **무성 생식**은 성별 구분 없이 한 개체의 세포 분열만으로 자손이 만들어지는 과정이다.

세균(박테리아), 불가사리, 몇몇 식물과 같은 **생명체**들은 무성 생식으로 번식해요. 세포가 나뉘기만 하면 똑같은 2개의 자손이 만들어진다는 뜻이에요.

암컷과 수컷의 **생식 세포**가 합쳐져서(**짝짓기**) 새로운 자손을 만드는 과정을 유성 생식이라고 해요. 정자와 난자는 각자의 DNA 중 절반을 가지고 있어서 정자와 난자가 합쳐진 새 생명체는 완전한 DNA 한 세트를 갖게 되지요.

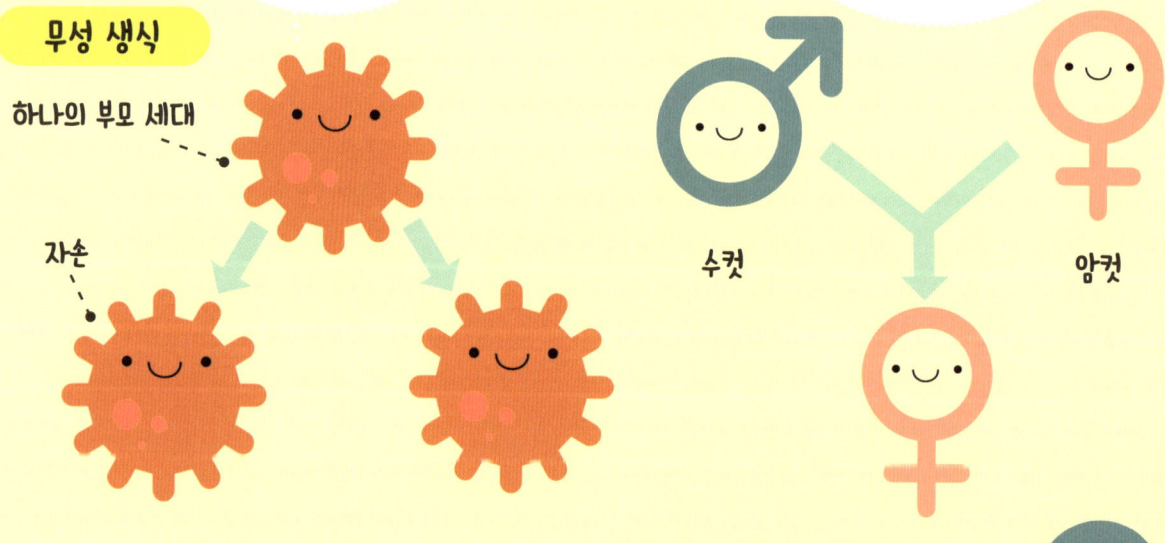

무성 생식 — 하나의 부모 세대, 자손

유성 생식 — 수컷, 암컷

유성 생식의 좋은 점

암컷과 수컷이 있어야 하는 유성 생식은 무성 생식보다 번식 속도는 느리지만 큰 장점이 있어요. 개체는 양쪽에서 받은 독특한 **유전자**의 조합으로 만들어지기 때문에, 일부 쌍둥이를 제외하고 모든 개체는 유전적으로 다 달라요. 유성 생식으로 유전적 다양성이 유지되는데, 유전적 다양성은 그 집단이 환경 변화 등에 더 잘 적응할 수 있도록 해요.

미토콘드리아

25

막으로 둘러싸인 **세포소기관**으로, 작지만 **세포**에서 매우 중요한 구조다. 이 세포소기관은 **에너지**를 만들어 우리 몸의 다른 부분이 제 역할을 할 수 있도록 한다.

세포

미토콘드리아

내막

외막

미토콘드리아 속에는 세포와 별개로 자기만의 DNA, 에너지를 생산할 영양분, 화학 반응을 일으킬 효소와 같은 여러 가지 물질들이 있어요. 미토콘드리아에서 화학 반응이 일어나면 에너지가 생산되고, 이 에너지는 ATP라고 불리는 화학 물질에 저장됩니다. 세포는 ATP를 에너지로 사용해요.

ATP

모계 유전

세포는 전 세대, 즉 부모의 유전 물질이 조합되어 만들어져요. 그러나 미토콘드리아는 그렇지 않아요. 아버지로부터 온 DNA 없이 오직 어머니로부터 유전되지요.

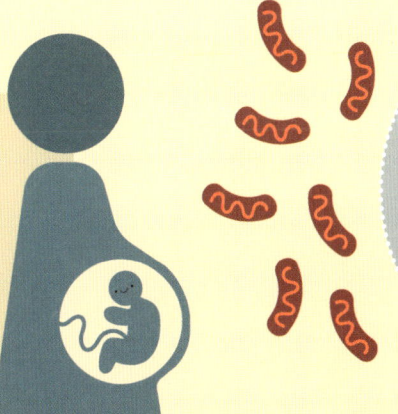

에너지가 더 많이 필요한 세포에는 미토콘드리아가 더 많아요. 간이나 근육은 수천 개의 미토콘드리아를 가지고 있어요. 적혈구 세포는 미토콘드리아가 없고요.

핵

장소나 사물의 가장 중요한 부분. 대부분의 동물과 식물 세포는 모든 **원자**와 마찬가지로 핵을 가지고 있다. 일반적으로 세포 1개에는 1개의 핵이 있다.

핵은 세포가 일을 하고 정상적으로 작동하도록 하는 세포 속 통제 센터예요.

핵에서 가장 중요한 것은 DNA예요. 세포는 DNA에 있는 정보를 바탕으로 우리 몸이 자라고 잘 유지될 수 있도록 하니까요.

핵은 **막**으로 둘러싸여 세포의 다른 부분과 분리되어 있어요. 핵 안에는 **핵인**이 있는데, **리보솜**이 만들어지는 곳이에요. 리보솜은 DNA의 정보를 **단백질**로 바꾸지요.

세포: 세포질, 핵, 미토콘드리아, 세포막

핵: 핵막, 핵인, 핵공

핵공

핵막은 핵을 감싸는 포장지와 같아요. RNA, 리보솜, 단백질과 같은 큰 **분자**는 핵공이라는 통로를 통해 핵 밖으로 나가면 다시 들어올 수 없어요. 이 핵공은 들어오고 나가는 물질을 조절할 수 있어요.

지질

지방과 기름을 뜻하며, 우리 몸이 잘 작동하기 위해 꼭 필요한 성분. **지방**은 고체 지질이고, **기름**은 액체 지질이다.
지방과 기름은 **탄소**, **수소**, **산소**로 이루어진다.

우리가 몸을 건강하게 유지하려면 지질을 먹어야 해요. 기름은 견과류, 씨앗, 생선을 통해 얻을 수 있고, 지방은 버터나 치즈에서 얻을 수 있어요.

몸 안에서 지질은 막을 만드는 재료로 사용돼요. 막은 세포의 피부예요. 우리는 지방 세포라는 특별한 세포에 지방의 형태로 에너지를 저장해요. 지방 세포는 피부 아래에 있으면서 추위에 잘 견딜 수 있도록 하고, 중요한 장기를 보호해요.

섞어 봐요!

지질은 **물**에 녹지 않기 때문에 **유화**하지 않으면 기름에 물을 부어도 섞이지 않아요. 물과 기름과 유화제를 같이 넣고 휘젓거나 흔들면 작은 입자들이 섞인 채로 있어요. 샐러드드레싱을 만들기 위해 올리브유(지질)와 식초와 머스터드소스(유화제)를 함께 섞을 때처럼 말이죠.

영양소

식물이든 동물이든 건강하게 자라기 위해 필요한 물질. 종류가 다른 **생명체**는 다른 종류의 영양소가 필요하다.

영양소는 **에너지**를 만들거나 성장하거나 손상된 몸을 회복하기 위해 필요해요.

영양소는 에너지를 내는 영양소와 그렇지 않은 영양소로 나뉘어요. 감자, 빵, 밥에 많은 **탄수화물**, 생선, 고기, 콩류에 많은 **단백질**, 우리 몸을 따뜻하게 하고 보호해 주는 **지방**은 에너지를 내는 영양소예요. 에너지를 내지 못하지만 **비타민**과 **무기 염류**도 챙겨 먹어야 하죠. 비타민과 무기 염류는 우리 몸에서 중요한 역할을 하고, 무엇보다 몸에서 스스로 만들 수 없기 때문이에요.

비타민은 필수!

당근에 많은 **비타민 A**
눈을 건강하게 해요.

고기에 많은 **비타민 B**
탄수화물을 사용할 수 있도록 도와요.

달걀과 생선에 많은 **비타민 D**와 **치즈와 우유**에 많은 **칼슘**
뼈를 튼튼하게 해요.

새콤한 과일에 많은 **비타민 C**
질병과 싸울 수 있도록 도와요.

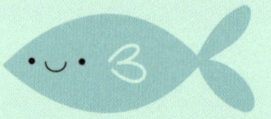

녹황색 채소에 많은 **비타민 K**
다쳐서 피가 날 때 피가 나지 않도록 도와요.

난황

알의 노란 부분. 난황은 알의 내부에서 자라는 **배아**에게 영양을 공급한다. **비타민**과 **무기 염류**, **지방**과 **단백질**을 포함하여 영양가가 매우 높다.

알은 조류, 어류, 곤충, 파충류가 낳아요. 알 속에서 배아(아직 알에서 나오지 않은 동물의 아기)가 만들어지고 자라려면 음식이 필요하죠. 난황은 배아가 알을 깨고 나올 수 있을 만큼 충분히 자랄 때까지 유일한 먹이 공급원이에요.

수정되지 않은 알 속에서는 배아가 자라지 않아요. 대신 알 속 노른자와 흰자는 다른 동물에게 양분을 제공해요.

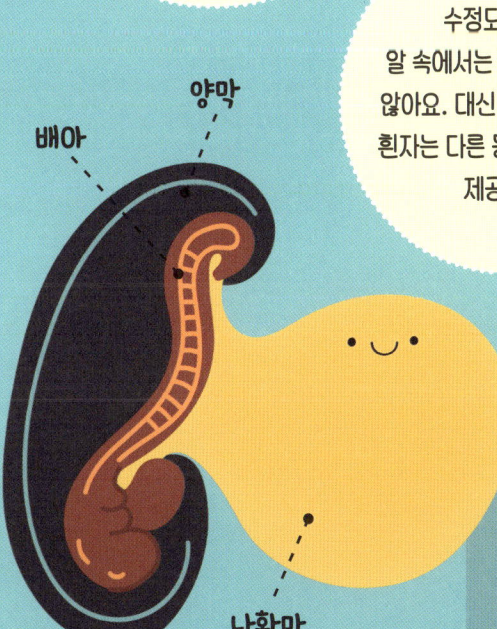

배아 / 양막 / 난황막

인간의 난황막

정자와 난자가 만나 수정하면 **세포**는 분열하고 자라서 배아가 되고, 시간이 지나면 배아는 아기가 돼요. 수정된 후 3일이 지나면 배아는 혈액 공급을 돕는 난황막을 발달시켜요. 4주가 되면 배아는 **태반**을 통해 영양분을 섭취하고 난황막은 퇴화돼요.

적응

생명체가 그들의 환경에서 성공적으로 생존하기 위해 **진화**한 것.

찰스 다윈은 갈라파고스 제도의 각각 다른 섬에 종이 다른 핀치새가 사는 것을 발견하고 진화론을 내놓았어요. 각 섬에 사는 종이 다른 핀치새의 부리 모양은 모두 달랐는데, 그 모양은 섬에서 구할 수 있는 먹이를 가장 잘 먹을 수 있도록 적응한 모양이었어요.

작은 곤충을 먹고 사는 핀치새는 가장 작은 부리를 가졌고, 단단한 씨앗을 깨 먹는 핀치새의 부리는 크고 단단해요. 선인장의 씨앗을 먹는 핀치새의 부리는 길고 뾰족하고요.

너무 적응을 잘한?

도도새는 모리셔스라는 섬나라에 사는 새였어요. 섬의 환경에 완벽히 적응하다 보니 비행 능력을 잃어버렸죠. 섬에는 좋은 먹이가 풍부해서 굳이 날아다닐 필요가 없었고, 도도새를 위협할 **포식자**도 없었거든요. 그러나 유럽의 선원들이 섬에 나타나자 상황이 바뀌었어요. 날아다니지 못하는 도도새는 너무 잡기 쉬웠고, 선원들은 사냥을 멈추지 않았어요. 결국 도도새는 **멸종**되었답니다.

생물 발광

일부 식물과 동물이 내는 특별한 빛. 이 **빛**은 동물과 공생하는 **세균**이 내거나 동물이 스스로 낼 수 있다.

육지와 바다에는 생물 발광하는 다양한 종류의 동물이 살고 있어요. 그들은 각각 다른 이유로 빛을 만들어 내요.

심해에 사는 75%의 동물은 자신을 보호하거나 적과 먹이를 공격하기 위해 빛을 만들어요. 그러나 바다에서 관찰되는 대부분의 발광 생명체는 수면 근처에서 살아요. 밤에 바다에서 생기는 물거품이 빛을 내는 것을 볼 수 있는데, 바로 바다 표면에 사는 **플랑크톤**이에요.

육지에서 반딧불이는 **짝짓기** 하기 위해 여름밤에 빛을 내요.

유혹하는 빛

심해에 사는 아귀는 에스카라고 불리는 미끼가 머리에 달려 있어요. 먹이를 유인하기 위해 빛을 내지요. 에스카는 **공생**하는 세균(박테리아)들이 반딧불이처럼 빛을 내는 거예요.

반향정위

소리의 메아리를 듣고 사물을 찾는 방법. 동물들은 소리를 낸 뒤 메아리가 돌아오는 시간이 얼마나 걸리는지 측정하여 사물의 위치를 알아낸다. 소리로 '보는' 것이다.

> 매우 많은 동물이 반향정위로 위치를 알아내요.

> 박쥐는 밤에 날아다니며 사냥할 때 반향정위를 이용해요. 일종의 야간 **시력**이지요. 돌고래, 쇠돌고래와 같은 몇몇 바다 **포유류**는 어두컴컴한 바다에서 멀리 떨어져 있는 친구나 먹이를 찾기 위해 반향정위를 사용해요.

박쥐 소리

메아리

> 반향정위로 보는 동물들은 '보려고 하는' 사물의 위치에 따라 소리를 보내는 거리나 범위를 조정할 수 있어요.

사람의 반향정위

몇몇 사람들은 눈으로 보지 않고 길을 찾는 반향정위를 배울 수 있어요. 타고나는 능력이 아니기 때문에 스스로 훈련해야 하는 기술이죠. 지팡이를 두드리거나 입으로 딸깍 소리를 내는 등 자신만의 방법을 개발하고 꾸준히 연습해야 해요.

공생

그리스어로 '함께 살기'. 생명 과학에서 이 단어는 매우 밀접하게 연관된
두 **생명체**의 관계를 말하는데, 관계가 있는 두 생명체를
공생체라고 한다.

꿀벌과 꽃은 **상리공생** 관계예요. 살아가는 데에 서로 도움이 된다는 뜻이에요.

벌이 꿀을 모을 때 **꽃가루**가 털이 많은 벌의 다리에 붙어요.

꽃은 벌이 먹이로 이용할 수 있는 **꿀**을 만들어요.

벌은 꽃가루를 다른 꽃에 전해 줘요.

모든 공생 관계가 서로에게 도움을 주지는 않아요. **기생** 관계의 경우 한 생명체는 이익을 보지만 다른 생명체는 손해를 봐요.

벼룩은 피부를 깨물어 빨아들인 피에서 **영양분**을 얻어요.

행복한 식사 시간!

소라게는 자신을 보호하기 위해 말미잘을 모아 자신의 껍데기에 올려요. 소라게와 말미잘의 관계를 공생 관계라고 해요. 라틴어로 '식탁을 공유한다'는 뜻이에요. 말미잘의 독침은 소라게의 **포식자**에게 겁을 주어 쫓아 버려서 소라게가 평화롭게 먹이를 먹을 수 있게 해요. 대신 말미잘은 소라게가 남긴 음식물을 행복하게 먹을 수 있어요.

개는 아플 때까지 굶으면서 **에너지**를 잃어요.

동물학

생명 과학에서 동물과 동물의 일생을 연구하는 학문. **계**(界)는 생물을 분류하는 가장 큰 단위다. 동물계는 크게 척추가 있는지 없는지에 따라 **척추동물**과 **무척추동물**로 나뉜다. 동물학은 이 두 부류를 모두 연구한다.

동물학자는 다른 종에 속한 동물의 몸 생김새와 하는 일, 다른 동물과 얼마나 비슷하고 다른지를 연구하여 종을 일정한 기준에 따라 분류한 뒤, 각각의 동물이 얼마나 관련되어 있는지를 보여 줘요.

동물의 분류

- 척추동물
  - 포유류
  - 조류
  - 파충류
  - 양서류
  - 어류
- 무척추동물
  - 극피동물
  - 환형동물
  - 연체동물
  - 절지동물

모든 포유류는 털이 있고, 체온을 일정하게 유지하며, 따뜻한 피가 흘러요. 태어날 때 알이 아니라 새끼의 모습으로 태어나고, 새끼에게 젖을 먹여요.

무엇이 종을 만들었을까?

분류표는 어떤 종이 가깝게 연결되어 있는지 보여 줘요. 이를테면 말과 당나귀처럼요. 수컷 당나귀와 암컷 말이 **짝짓기** 해서 낳은 자손을 노새라고 불러요. 노새는 새끼를 가질 수 없어요. **불임**이죠. 그러니 노새의 자손은 없다는 뜻이에요. 오직 같은 종의 개체만 자손을 낳을 수 있어요.

생태계

생물학에서 온 개념으로, 환경 안에서 모든 **생명체**(식물, 동물, **세균**)가 어떻게 서로 영향을 주고받으며 공동체를 이루는지에 대해 설명하는 단어.

한 생태계 안에서 생태계를 구성하는 모든 요소들은 서로 영향을 주고받아요.

생태계를 구성하는 요소에는 생물과 비생물이 있어요. 비생물 요소에는 햇빛, 공기, 물, 흙, 온도나 얼마나 비가 많이 오는지를 나타내는 기후 등이 포함돼요. 비생물 요소에 따라 그곳에서 살 수 있는 식물, 동물, 세균(박테리아)의 종류가 달라요.

생태계가 평형을 이루면 각 요소는 다른 요소가 생명을 유지하는 데 도움을 줘요.

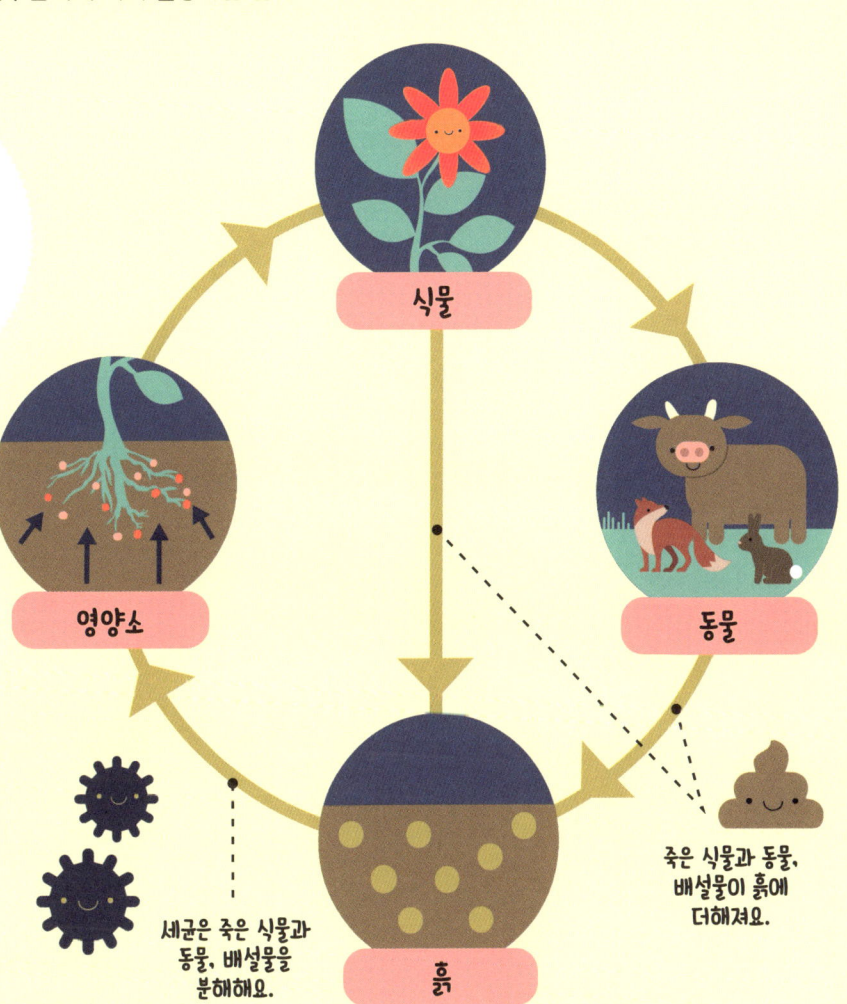

세균은 죽은 식물과 동물, 배설물을 분해해요.

죽은 식물과 동물, 배설물이 흙에 더해져요.

건강한 생태계

생태계 가운데 하나의 요소가 바뀌면 다른 모두에게 영향을 미쳐요. 동물은 그곳에서 자라는 식물을 먹고 영양을 얻어요. 동물이 죽으면 배설물과 함께 흙으로 돌아가 **영양소**가 되죠. 식물과 동물이 죽으면 세균과 곤충이 더 많은 식물이 자랄 수 있도록 돕는 영양소로 분해해요.

생산자

먹이 사슬에서 식물과 미역과 같은 조류는 생산자다.
식물과 조류는 자신이 사용할 **에너지**를 만들 때 다른 생물을 먹지 않고,
태양으로부터 빛을 받아 **광합성**을 통해 만든다.

세균부터 식물과 동물까지 모든 생명체는 살아가기 위해 에너지가 필요해요. 종류가 다른 생명체는 각각 다른 방법으로 에너지를 얻어요.

생산자는 태양 빛을 에너지로 바꿔요.

소비자는 스스로 영양분을 만들 수 없어서 다른 식물이나 동물을 먹어야 해요.

세균과 버섯이나 곰팡이 같은 균류는 분해자예요. 분해자는 죽은 식물이나 동물을 분해해서 에너지를 얻어요. 이것은 물질을 순환시켜 재사용할 수 있게 해요.

먹이 사슬

식물과 동물은 모두 먹고 먹히는 관계로 얽혀 있어요. 이렇게 서로 먹고 먹히는 생물의 관계를 먹이 사슬이라고 해요. 다양한 먹이 사슬이 서로 결합하여 **먹이 그물**을 만들고요. 일반적으로 식물에서 시작해 **육식 동물**로 끝나요.

영양 단계

생태계를 연구하는 **생태학**에서 나온 단어로, 음식과 영양에 관한 것이다. 생태계의 **먹이 사슬**에서 각 **생명체**는 다른 영양 단계에 있는 다른 동물을 먹는다.

어떤 먹이 사슬에서도 첫 번째 영양 단계는 **생산자**예요.

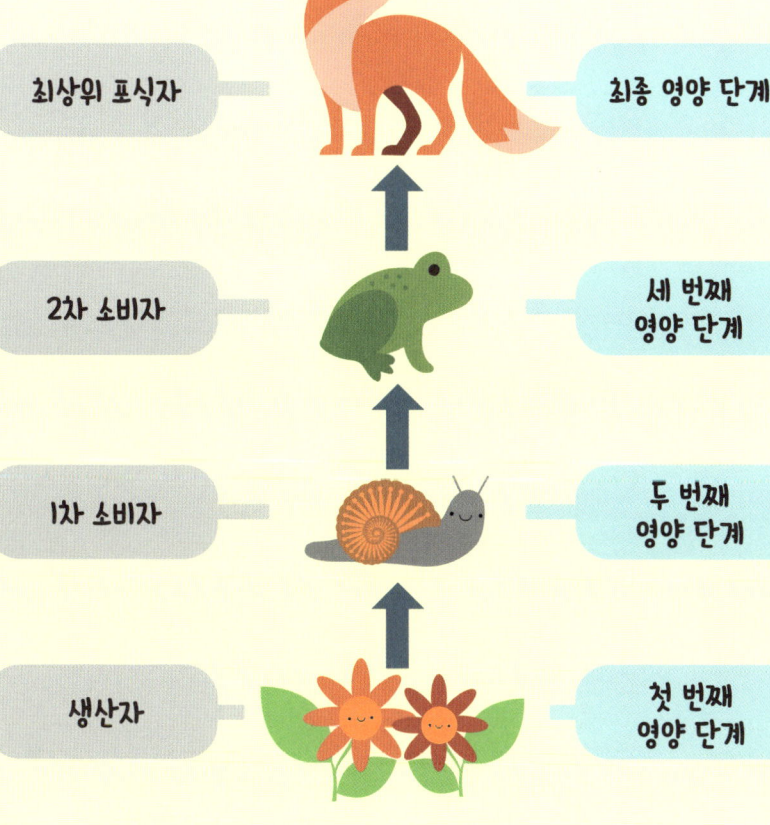

생산자를 먹는 생명체는 두 번째 영양 단계에 있는 **1차 소비자**예요. 1차 소비자는 오직 풀만 먹는 **초식 동물**이거나 풀과 고기를 먹는 **잡식 동물**이에요.

다음 영양 단계는 1차 소비자를 먹고, **3차 소비자**에게 잡아먹히는 **2차 소비자**예요. 영양 단계에는 여러 단계가 있지만 최종 단계는 **최상위 포식자**예요.

미세 플라스틱

냇물이나 강에 떠다니는 작은 미세 플라스틱 조각은 물고기가 먹이를 먹을 때 물과 함께 쉽게 몸속으로 들어가요. 미세 플라스틱은 **소화**되지 않기 때문에 물고기가 포식자에게 먹히면 포식자의 몸속에도 미세 플라스틱이 남게 돼요. 이렇듯 먹이 사슬에 들어간 미세 플라스틱은 모든 영양 단계의 포식자에게 영향을 미쳐요.

발아

씨앗이 싹을 틔우고 성체로 성장하는 과정의 시작.
씨앗은 싹이 트기 전까지 **휴면** 상태다.

씨앗이 발아하기 위해서는 물이 충분하고 따뜻한 온도가 유지되는 토양에 심어야 해요. 씨앗이 **물**을 흡수해서 부풀어 오르기 시작하면 발아의 시작이에요.

그 뒤 작은 뿌리가 아래 방향으로, 줄기가 위로 자라기 시작해요.

뿌리는 점점 더 깊숙이 뻗어 나가고 갈라져서 토양에 튼튼하게 자리 잡아요. 줄기는 자라서 잎을 내고 **광합성**을 시작해요.

우주에서 발아

씨앗은 **중력**에 따라 뿌리를 어디로 뻗을지 방향을 결정합니다. 그러나 우주에는 중력이 없기 때문에 뿌리를 내릴 방향을 결정할 수 없어요. 우주 비행사는 식물이 제대로 자랄 수 있도록 중력 대신 **빛**이 있는 방향으로 뿌리를 내리도록 이끌어요.

균류

생명체를 분류하는 가장 큰 단위인 **계**(界) 중 하나다. 다른 계에는 세균, 원생생물, 식물, 동물이 있다. 균류는 전 세계에 걸쳐 육지, 물속, 공기, 심지어 동물과 식물 내부에까지 살고 있다. 과학자들은 150만 가지 정도의 균류가 있다고 생각한다.

가끔 식물로 착각하기 쉽지만 두 가지가 확실히 달라요.

첫째, 균류의 세포벽은 **셀룰로스** 대신 **키틴**으로 되어 있어요. 식물과 달리 균류는 **광합성**을 통해 영양분을 만들지 않아요.

균류는 크기가 다양해요. 몇몇은 현미경으로 봐야 할 만큼 작고, 미국 서북부의 오리건주에 있는 꿀버섯은 세계에서 제일 큰 생명체예요. 꿀버섯(honey fungus)은 땅속에서 실 모양의 균사로 연결되어 있는데 면적이 10km²에 달할 정도로 넓은 지역에 걸쳐 있어요.

생명체에게 중요한 균류

균류는 다른 생명체를 잡아먹는 게 아니라, **물질**을 분해하여 영양분을 얻어요. 이를테면 죽은 나무에서 곰팡이가 자라는 것처럼요. 만일 곰팡이가 죽은 식물이나 동물을 분해하지 않는다면 세상은 온통 죽은 것들로 가득하겠죠. 균류는 분해 과정을 통해 **영양분**을 토양과 대기로 돌려주어 다른 생물이 성장하는 데 쓸 수 있도록 해요.

10KM²

광합성

식물이 **빛**을 받고 물과 공기를 이용하여 성장하고 살아가는 데 필요한 영양분을 만드는 화학적 반응.

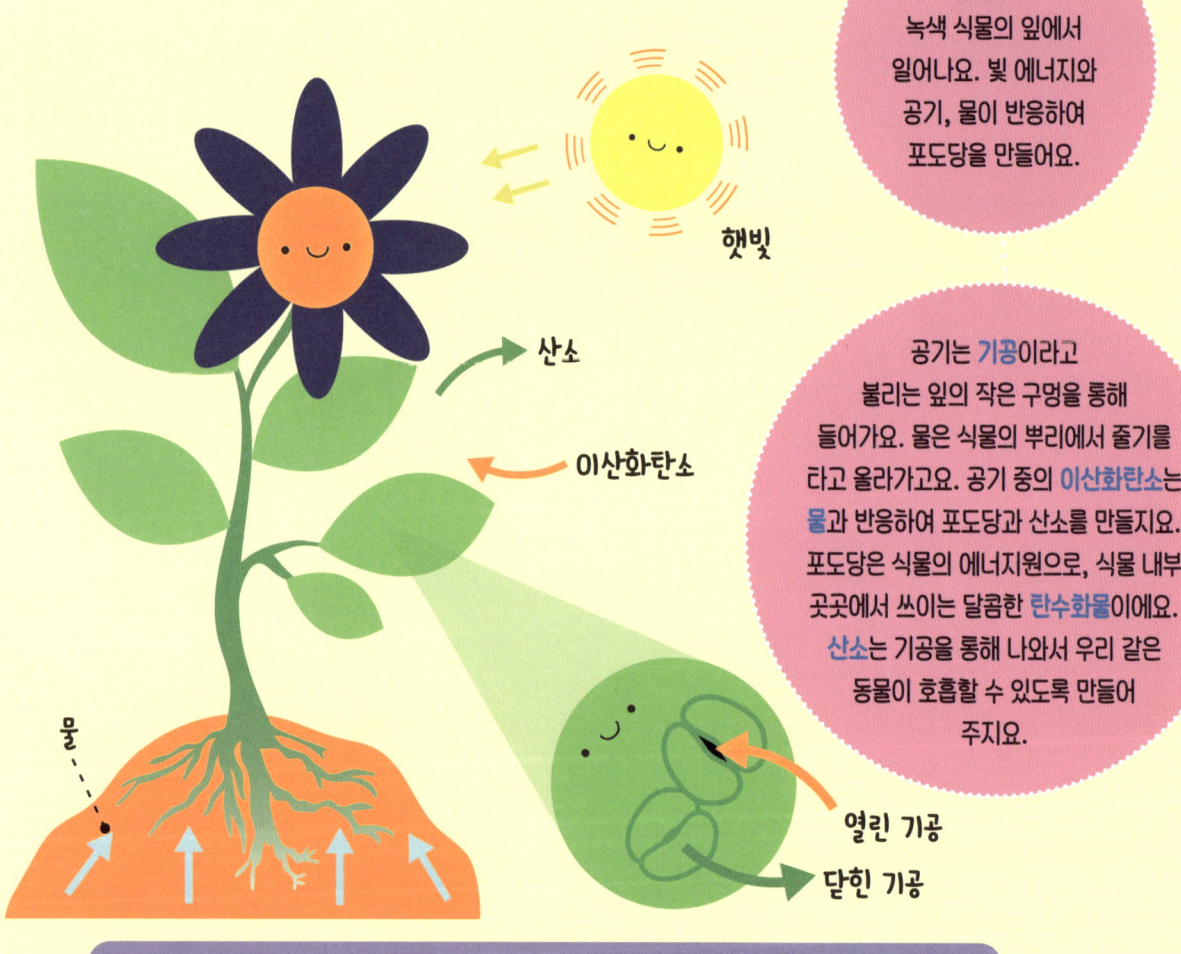

광합성은 녹색 식물의 잎에서 일어나요. 빛 에너지와 공기, 물이 반응하여 포도당을 만들어요.

공기는 **기공**이라고 불리는 잎의 작은 구멍을 통해 들어가요. 물은 식물의 뿌리에서 줄기를 타고 올라가고요. 공기 중의 **이산화탄소**는 **물**과 반응하여 포도당과 산소를 만들지요. 포도당은 식물의 에너지원으로, 식물 내부 곳곳에서 쓰이는 달콤한 **탄수화물**이에요. **산소**는 기공을 통해 나와서 우리 같은 동물이 호흡할 수 있도록 만들어 주지요.

$$\text{이산화탄소} + \text{물} \xrightarrow{\text{햇빛}} \text{포도당} + \text{산소}$$

빛으로 먹이를 만들다

광합성(photosynthesis)은 '빛과 함께 두다'는 뜻이에요. 그리스어로 'photo'는 빛, 'synthesis'는 함께 두다는 말이지요. 빛은 화학 물질을 조합하여 먹이를 만드는 데에 필요한 **에너지**를 공급해요.

엽록소

광합성 과정에서 태양 빛을 이용하여 에너지원을 만드는 화학 물질. 엽록소가 식물을 녹색으로 만든다.

엽록소의 중요한 역할은 지구의 생명체를 유지하는 일이에요. **광수용체**로서 생명 유지에 가장 중요한 햇빛을 수집해요.

식물은 공기와 **물**로부터 **당**을 얻기 위해 **빛** 에너지를 이용해요. 식물은 스스로 당을 만들어 사용하지만, 우리와 같은 수많은 동물은 식물을 먹음으로써 간접적으로 태양으로부터 빛 **에너지**를 얻게 되지요.

빛이 적거나 없을 때 자란 식물은 약하고 잎의 색깔이 연해요. 빛이 적으면 녹색을 유지하고 에너지원을 만드는 엽록소도 줄어들기 때문이에요.

잎의 색 변화

봄에 난 새로운 잎은 연두색이에요. 여름에는 색이 짙어지고, 가을에는 엽록소가 분해되면서 식물의 잎이 노랑, 주황, 빨강으로 변해요. 엽록소가 줄어들어 입이 떨어지면 수분을 잃지 않아 추운 겨울을 잘 이겨 낼 수 있어요.

낙엽

말라서 떨어지는 나뭇잎. 낙엽이 생기는 나무는 1년에 한 번씩 잎이 떨어진다. 잎이 떨어지고 나면 다음 해에 새로운 잎이 난다.

낙엽이 지는 숲은 매년 사계절이 뚜렷한 일부 지역에서 발견돼요.

겨울에 낙엽수는 잎이 없기 때문에 수분을 잃지 않고 추위로부터 나무를 보호할 수 있어요.

봄에는 연한 잎이 새로 돋아요.

여름에는 잎이 진한 녹색을 띠고, **엽록소**가 광합성을 활발히 해 나무가 사용할 양분을 많이 만들어 내요.

가을에는 잎이 노랑, 주황, 빨강으로 바뀌고 갈색으로 변해요. 나무는 잎으로 가는 영양분을 차단해 잎이 말라 떨어지게 해요.

상록수

겨울이 길고 추운 지역이나 추운 지역인데 비나 눈까지 많이 오는 지역에서 상록수가 자라요. 상록수는 녹색 잎이 1년 내내 있다는 뜻이에요. 소나무, 가문비나무, 전나무의 잎 모양은 가느다란 바늘잎인 데다 잎의 표면에 물(수분)을 잃지 않도록 왁스가 덮여 있어 긴 겨울과 강한 바람에 잘 견뎌요.

물 순환

물이 액체, 고체, 기체 상태로 전 세계를 어떻게 돌아다니는지, 어떻게 순환하여 처음 시작된 곳으로 돌아가는지 과정에 대한 설명. 그 과정에서 **지구**에 사는 모든 생명을 돕는다.

구름에 수증기가 가득 차면 비, 우박, 진눈깨비, 눈으로 강수가 되어 땅으로 떨어져요.

햇빛을 받아 따뜻해진 물은 증발해요. 수증기라고 불리는 기체로 변하죠. 수증기가 높이 올라가면, 차가워지고 응결해서 구름이 돼요.

육지로 내려오면 흐르는 물이 되어 내리막길을 따라 시내, 강, 호수로 흘러 들어가요. 그리고 결국 바다로 되돌아가 순환이 계속돼요.

소중한 물

지구 표면의 3분의 2 이상이 물로 덮여 있어요! 물은 지구에 사는 생명체에게 꼭 필요할 뿐만 아니라, 지구에 다양한 지형을 만들어요. 물은 물 순환을 따라 이동하면서 천천히 암석을 **침식**하고, 땅을 계곡으로 만들고, 섬을 만들거나 해안선을 바꾸기도 한답니다.

대기 과학

날씨를 연구하는 과학. 우리는 밖으로 나가면 오감을 이용해 지금 날씨가 습한지, 건조한지, 바람이 부는지, 맑은지, 흐린지를 알 수 있다. 그러나 대기과학자는 기상 관측소에서 수많은 도구를 이용해 날씨를 예측(앞으로의 일을 미리 헤아려 짐작함)한다.

기압계는 공기 압력, 즉 기압을 보여 줘요.

습도계는 공기에 습기(수증기)가 얼마나 많은지 습도를 측정하는 도구예요. 습도가 높을수록 비가 올 가능성이 커요.

우량계는 떨어지는 비를 모아 양을 재는 도구예요.

풍속계는 1분 동안 바람에 반구 모양의 날개가 빙빙 돌아가는 횟수를 세어 풍속을 측정해요.

풍향계는 바람이 불어오는 방향을 보여 줘요.

슈퍼컴퓨터

대기과학자는 각종 도구를 통해 얻은 날씨 **데이터**와 비슷한 시기에 날씨가 어땠는지 슈퍼컴퓨터를 이용해 비교해요. 이로써 앞으로 며칠 또는 몇 주 동안의 날씨를 미리 짐작할 수 있어요.

화석

바위에 새겨진 옛날 생명체의 흔적. 아주 드물게, 죽은 생물의 몸이 완전히 분해되지 않고 화석이 되기도 한다. 몸이 아니라 발자국처럼 행동을 알 수 있는 흔적 화석도 있다.

화석이 되기까지는 수백만 년이 걸려요. 죽은 동물은 진흙, 재 또는 모래에 묻혀 부드러운 부분은 썩고 뼈는 남게 돼요.

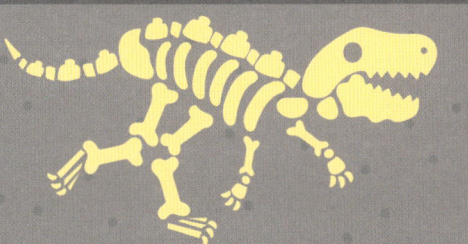

화석이 되려면 퇴적물 층이 쌓이고 쌓여, 결국 뼈 주위가 딱딱하게 굳어 바위로 변해야 해요.

112p 참조

시간이 지나면서 서서히 **물**이 바위로 스며들면, 뼈를 녹여 뼈 모양대로 '틀'을 남겨요. 시간이 더 흐르면, 물에서 나온 **광물질**들이 그 틀을 채워 화석을 만들어요.

화석 수집

화석은 드물지만 바닷가나 바위로 된 너른 땅처럼 **침식**이 잘 일어나는 곳에서 한꺼번에 많이 발견돼요. 영국에서 처음 집단으로 발견된 화석은 라임 레지스 바닷가에 있었고, 캐나다 앨버타주의 협곡에서는 다른 어떤 곳보다도 공룡 뼈가 많이 발견되었어요. 협곡은 산과 산 사이, 또는 너른 땅을 강물이 흐르면서 침식해 생긴 좁고 깊은 골짜기예요.

양추아노사우루스

처음 발견된 중국 융촨 지역 이름을 딴 **수각류** 공룡. 약 1억 6천만 년 전 **쥐라기** 후기에 살았다. 티라노사우루스 렉스보다 작고 가벼우며 팔이 더 길다.

- 날카로운 이빨은 먹이를 잡기 위해 짧은 칼처럼 구부러져 있어요.
- 눈이 앞쪽을 향하고 있어서 거리를 잘 가늠할 수 있어요.
- 양추아노사우루스는 몸길이가 10m 정도고, **육식 동물**이에요. 아마도 다른 공룡을 잡아먹는 **최상위 포식자**였을 거예요.
- 긴 꼬리는 달릴 때 균형을 잡아 주었어요.

새 엉덩이와 도마뱀 엉덩이

공룡은 크게 두 집단, '새 엉덩이'를 가진 **조반류**와 '도마뱀 엉덩이'를 가진 **용반류**로 나눌 수 있어요. 양추아노사우루스와 같은 수각류는 조반류고, 스테고사우루스는 용반류예요. 용반류 공룡은 **초식 동물**이지만, 조반류 공룡은 육식 동물도 있고, 초식 동물도 있었어요.

분석

화석이 된 배설물을 뜻하는 과학 용어. **배설물**은 똥을 뜻하는 다른 말이다!

분석은 고생물학자에게 매우 유용해요. 배설물을 보면 동물이 식물을 먹었는지 고기를 먹었는지, 또 그 고기는 어떤 종류인지 등 많은 것을 알 수 있기 때문이에요.

동물의 몸 화석은 동물의 삶에 대한 단서를 많이 알려 줘요. 하지만 분석은 동물의 습성을 알려 줘요. 이렇게 화석이나 분석이 있기에 우리는 멸종된 동물에 대해 알 수 있어요.

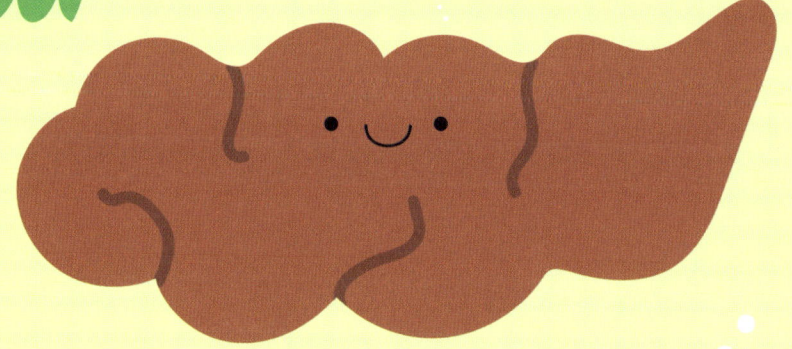

분석을 발견한 메리 애닝

메리 애닝은 1800년대 초 영국의 라임 레지스에서 태어난 화석 수집가예요. 어느 날, 어룡(중생대에 물속에 살았던 거대한 파충류) 화석의 배 부분에서 돌을 발견했어요. 메리는 돌 속에서 물고기 비늘과 뼈 화석을 찾았어요. 그때 지질학자인 윌리엄 버클랜드가 자신들이 화석이 된 배설물을 보고 있다는 것을 깨닫고 분석이라는 이름을 붙였어요.

원자

우주 전체를 이루고 있는 물질. 원자는 각각 다른 방식으로 결합해 고체, 액체, 기체에 이르기까지 모든 것을 만들어 낸다. 그러나 크기가 매우 작아 과학자는 원자를 보기 위해 특별한 종류의 현미경이 필요하다.

원자에는 세 가지 주요 부분이 있어요. **양성자, 중성자, 전자.**

양성자는 양(+)전하를 가지고 있고 질량은 중성자와 비슷해요. 전하는 물체가 띠는 정전기의 양을 말해요. 중성자는 전기적으로 중성이에요. 전자는 음(-)전하를 가지며 질량이 매우 작아요. 양성자와 중성자는 함께 원자의 중심을 이루며 우리는 그것을 **원자핵**이라고 불러요.

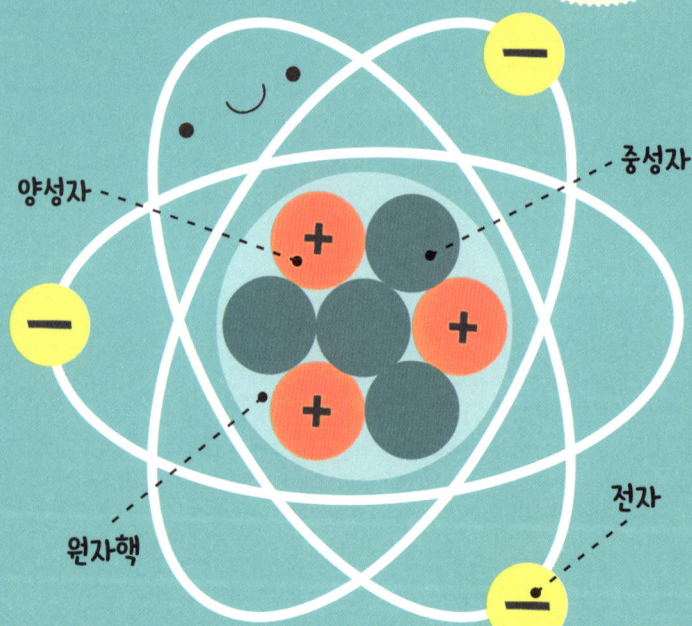

양성자 · 중성자 · 원자핵 · 전자

전자는 핵 주변을 둘러싸고 있어요. 네온이라고 불리는 기체의 원자는 양성자 10개, 중성자 10개, 전자 10개로 되어 있어요. 원자의 종류는 양성자 수로 정의하기 때문에, 모든 네온 원자는 양성자를 10개 가지고 있어요.

강력한 기계!

원자는 매우 작아요. 1cm를 측정하면 그 안에 대략 원자 5,000만 개가 들어 있어요. 그래서 과학자는 원자를 관찰하기 위해 투과 전자 현미경(TEM)이라는 특수 현미경을 사용해요. 투과 전자 현미경은 원자에 전자 빔을 발사해 사람이 볼 수 있는 크기로 확대하여 이미지를 만들어요.

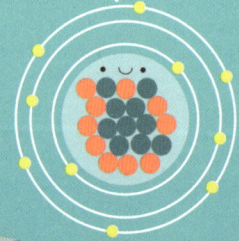

쿼크

원자보다 작은 **소립자**. 다른 쿼크와 결합하여 **원자핵**을 이루는 입자인 **양성자와 중성자**를 구성한다.

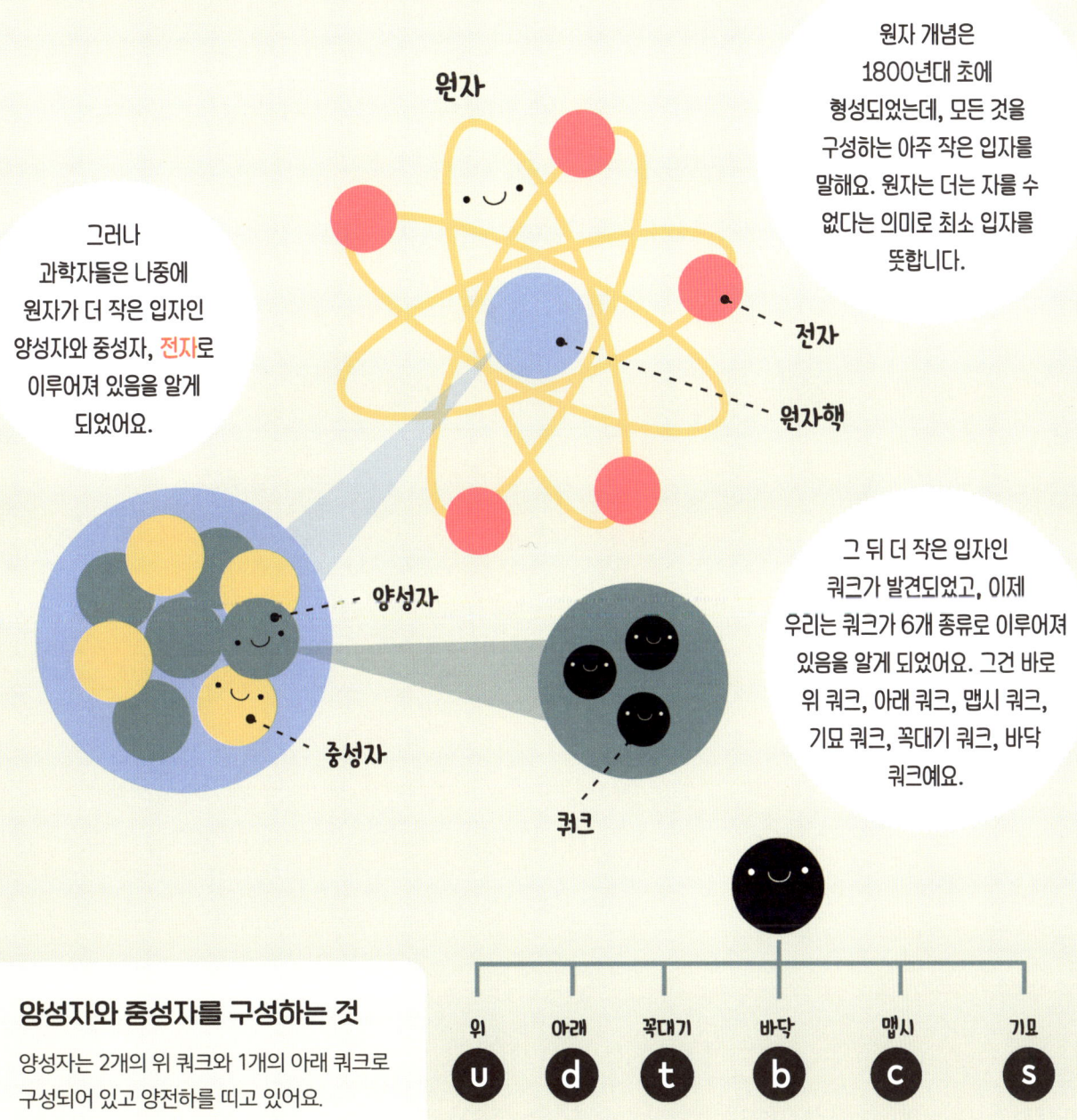

원자 개념은 1800년대 초에 형성되었는데, 모든 것을 구성하는 아주 작은 입자를 말해요. 원자는 더는 자를 수 없다는 의미로 최소 입자를 뜻합니다.

그러나 과학자들은 나중에 원자가 더 작은 입자인 양성자와 중성자, 전자로 이루어져 있음을 알게 되었어요.

그 뒤 더 작은 입자인 쿼크가 발견되었고, 이제 우리는 쿼크가 6개 종류로 이루어져 있음을 알게 되었어요. 그건 바로 위 쿼크, 아래 쿼크, 맵시 쿼크, 기묘 쿼크, 꼭대기 쿼크, 바닥 쿼크예요.

양성자와 중성자를 구성하는 것

양성자는 2개의 위 쿼크와 1개의 아래 쿼크로 구성되어 있고 양전하를 띠고 있어요.
중성자는 2개의 아래 쿼크와 1개의 위 쿼크로 구성되어 있고 전하를 띠지 않아요.

양자 물리학

물리 세계의 연구 분야. 양자 물리학은 **원자**나 원자보다 작은 입자(**쿼크** 등)를 연구한다. 물리학의 다른 분야로는 **상대성 이론**이나 **전자기학** 등이 있다.

우리는 우리가 경험하고 살고 있는 일상 세계와 그 구조를 바탕으로 모든 것을 이해하려 하지만, 원자 내부에 있는 양자 입자를 살펴보면 우리가 아는 세계와는 크게 달라요. 양자는 더 이상 나눌 수 없는 물질의 최소 단위를 말해요.

양자 입자는 항상 뿌연 구름 속을 돌아다니는 듯해요. 물리학자들은 양자 입자가 모든 존재 가능한 장소에 동시에 있을 수 있다고 말해요.

평소에는 양자의 위치를 명확히 알 수 없지만, 관찰할 때만 그 위치를 알 수 있어요.

끈 이론

양자 물리학의 굉장히 새로운 영역이며, 이 분야 과학자는 아직 대답이 아닌 질문을 하고 있어요. 끈 이론은 양자 물리학을 일반 상대성 이론에서 발견한 내용들과 결합하여 우주의 모든 것을 설명하는 이론이에요.

브라운 운동

53

입자가 기체와 액체에서 무작위로 움직이는 방식을 이르는 이름.
'뛰다'를 뜻하는 그리스어에서 유래한
페데시스(pedesis)라고도 한다.

보이는 입자
보이지 않는 입자

브라운 운동을 확인하는 가장 쉬운 방법은 햇빛에 떠 있는 먼지 티끌을 관찰하는 거예요.

먼지 티끌은 파리처럼 규칙적이고 목표물을 향해 움직이지 않지만, 한곳에서 다른 곳으로 흔들리는 듯 보이며 결코 가만히 있지 않아요.

이러한 움직임은 **공기**를 비롯한 액체의 모든 입자가 끊임없이 움직이고 서로 부딪히기 때문에 발생해요. 먼지 입자는 움직이는 입자로 가득 찬 공기의 일부일 뿐이에요.

로버트 브라운

로버트 브라운은 1827년 어느 날 물속에서 움직이는 **꽃가루**를 현미경으로 관찰하다 특별한 움직임을 발견했어요. 그러나 그 운동을 설명할 수는 없었어요.
그러다 1905년 **아인슈타인**에 의해 무작위로 움직이는 운동이 설명되었고, 처음 발견한 로버트 브라운의 이름을 따 브라운 운동이라 불렀어요.

빅뱅

54

우주의 시작. 그전에는 아무것도 없었고, 빅뱅 이후로 우주는 계속 커지고 있다. 빅뱅은 아주 짧은 시간에 일어났다, 몇 **초** 만에!

우주가 시작될 때는 매우 작았지만 빠르게 커졌어요. 뜨겁고 빽빽한 우주의 시작점에서 **물질**이 만들어지기 시작했죠. 이 물질을 **쿼크**라고 해요.

수백만 년 후, 우주에는 **빛**, 별, 은하, **지구**, 그리고 인간이 나타났어요. 모두 빅뱅에서 생긴 원자로 만들어졌어요.

우주는 커질수록 더 차가워졌어요. 작은 쿼크 알갱이들은 서로 뭉쳐 **수소**를 시작으로 **원자**를 만들었어요.

빅뱅

우리가 모르는 것

우리는 빅뱅이 일어나기 바로 전에는 무슨 일이 일어났는지 몰라요. 빅뱅이 제일 처음 우주의 시작이었는지, 아니면 다른 우주들이 우리보다 먼저 있었는지도 몰라요. 또 빅뱅이 왜 일어났는지, 무엇 때문에 시작되었는지도 모른답니다.

목성

우리 태양계에서 가장 큰 행성. 목성은 **태양**으로부터 다섯 번째 행성이고, 지구는 세 번째 행성이라서 지구보다 목성이 더 춥다.

목성은 소용돌이치는 기체(대부분 수소와 헬륨) 덩어리라서 표면이 단단하지 않아요. 그렇지만 목성이 모두 기체인지, 아니면 안에 지구만 한 크기의 단단한 핵이 있는지는 아직 몰라요.

목성의 하루는 지구 시간으로 10시간이지만, 목성의 1년은 지구 시간으로 11.8년과 같대요.

목성에는 수백 년 동안 계속되어 온 대적점(큰 붉은 점)이라고 불리는 커다란 폭풍이 있어요.

유로파
(목성의 달 중 하나)

태양계

우리 태양계에는 행성이 8개 있어요. 행성이란 태양 주위를 자신의 **궤도** 위로 돌고 있다는 것을 뜻해요. 행성 크기는 모두 다르지만, 태양으로부터 순서대로 줄 세우면 다음과 같아요.

수성 / 금성 / 지구 / 화성 / 토성 / 천왕성 / 해왕성 / 명왕성 (왜소행성)

궤도

한 물체가 다른 물체 주위를 움직일 때 만드는 곡선 경로. **원자** 안에서 **원자핵** 주위를 도는 **전자**부터 회전목마 위에서 질주하는 말, 심지어 **태양** 주위를 도는 행성들까지 모두 다른 크기로 궤도 위를 움직인다!

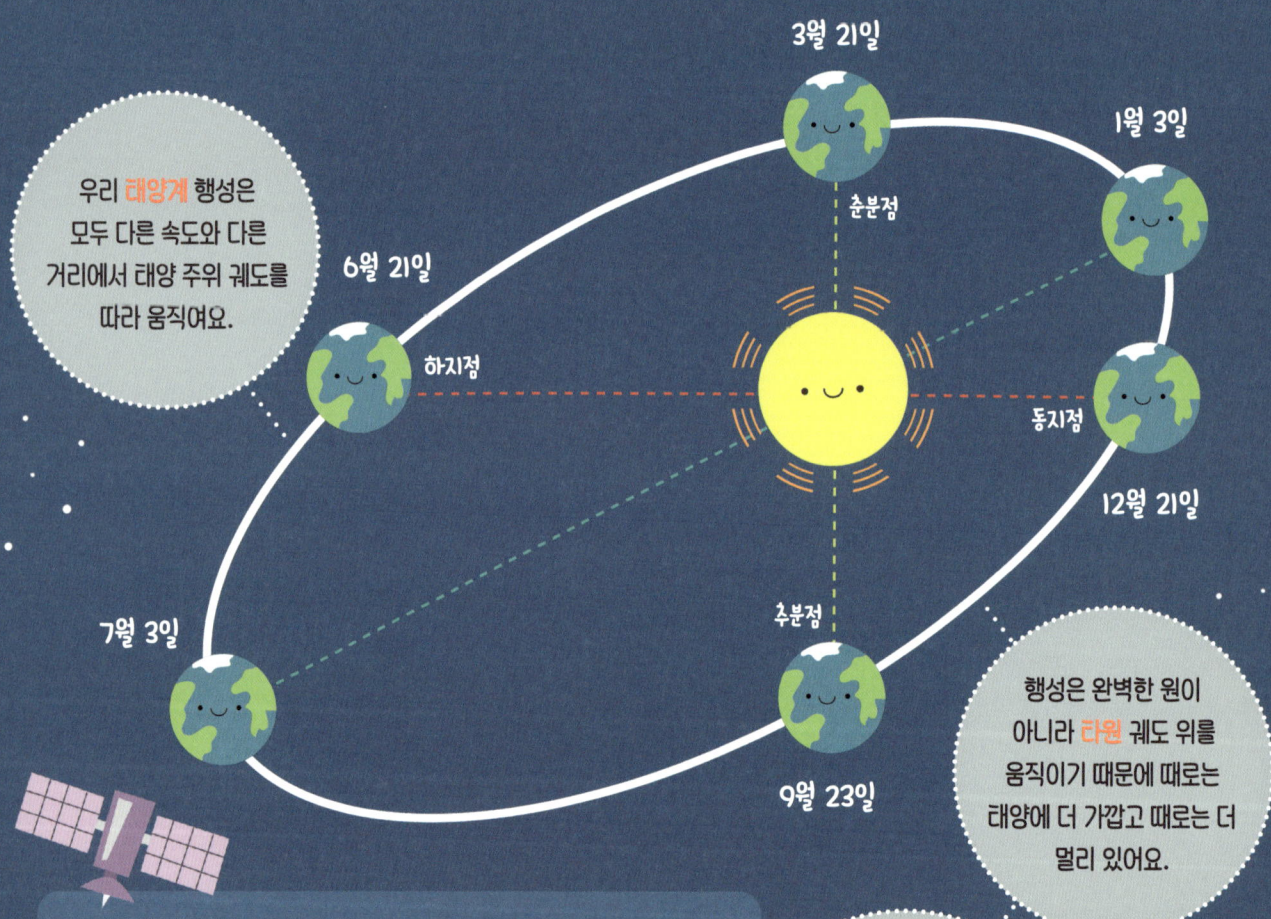

우리 태양계 행성은 모두 다른 속도와 다른 거리에서 태양 주위 궤도를 따라 움직여요.

행성은 완벽한 원이 아니라 타원 궤도 위를 움직이기 때문에 때로는 태양에 더 가깝고 때로는 더 멀리 있어요.

태양의 거대한 중력이 행성을 끌어당겨 태양 주위 궤도 위를 계속 움직이게 해요. 태양과 그 중력이 없다면, 행성들은 어떤 일정한 방향으로 날아갈 거예요.

위성

위성은 다른 물체 주위에서 궤도 위를 움직이는 물체예요. 사람이 만들어서 띄울 수도 있어요. 비행기, 선박, 자동차 따위의 위치를 확인할 수 있도록 고안된 장치인 GPS 시스템을 갖춘 인공위성 30여 개가 지구 주변 궤도를 돌고 있어요. 그곳에서 끊임없이 땅으로 보내는 신호는 GPS나 위성 항법 추적기를 가진 사람들이 길을 찾을 수 있도록 도와요. 위성 항법은 인공위성을 이용해 자신의 위치를 확인하고 목적지까지 가는 길을 정하는 방법을 말해요.

세계시

전 세계가 시간을 정하는 표준 방법으로, **협정 세계시**(줄여서 UTC라고도 함)라고도 한다. 모든 사람이 언제 어디에 있든지 지금 있는 곳에서 시간을 알 수 있게 해 준다.

세계는 한 시간 간격으로 24개 시간대로 나뉘어요. 핀란드의 헬싱키는 남아프리카의 케이프타운과 남북으로 지구 반대편에 있지만 같은 시간대에 있어요. 몇몇 나라에서는 여름의 긴 낮 시간을 최대한 이용하려고 여름에만 한 시간씩 앞당기기도 해요. 이를 서머타임(일광 절약 시간제)이라고 합니다.

-11 -10 -9 -8 -7 -6 -5 -4 -3 -2 -1

헬싱키

케이프타운

UTC 0 +1 +2 +3 +4 +5 +6 +7 +8 +9 +10 +11 +12

각 시간대는 UTC 0보다 앞에 있는지 뒤에 있는지에 따라 정해져요.

빙글빙글 도는 지구

세계는 각 지역마다 시간이 다 달라요. 지구는 하루에 한 바퀴씩 빙글빙글 돌고 있고, 매일 지구의 모든 지역은 같은 시간 동안 **태양** 빛을 보게 되거든요. 시간대는 대략 낮 12시에 그 지역에서 태양을 가장 직접 마주하는 시간이 되도록 만들었어요.

몽골

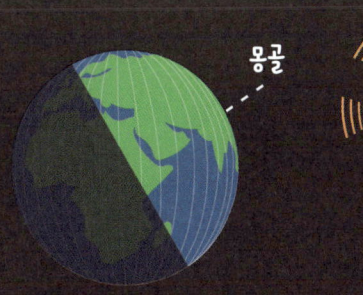

진공

아무것도, **공기**조차 없는 텅 빈 공간. 지구상의 모든 곳은 공기로 둘러싸여 있으므로 지구에는 자연적으로 진공이 존재하지 않는다. 우주 공간은 거의 진공 상태다.

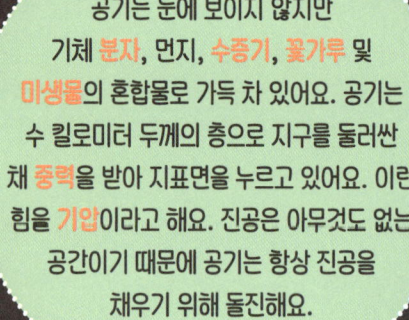

공기는 눈에 보이지 않지만 기체 **분자**, 먼지, **수증기**, **꽃가루** 및 **미생물**의 혼합물로 가득 차 있어요. 공기는 수 킬로미터 두께의 층으로 지구를 둘러싼 채 **중력**을 받아 지표면을 누르고 있어요. 이런 힘을 **기압**이라고 해요. 진공은 아무것도 없는 공간이기 때문에 공기는 항상 진공을 채우기 위해 돌진해요.

우주 비행사는 우주에 갈 때 공기와 산소 공급 장치가 있어 진공 상태에서도 숨을 쉬고 걸어 다닐 수 있게 해 주는 가압 우주복을 입어야 해요. 그렇지 않으면 생존할 수 없어요.

고마운 진공

밀폐된 공간에서 공기를 제거하면 진공 상태를 만들 수 있어요. 진공 상태가 되면 또 다른 공기나 액체가 비어 있는 공간을 채우기 위해 돌진하는데, 그 순간 빨아들이는 힘을 얻을 수 있어요. 이러한 원리로 먼지를 빨아들이는 청소기와 피펫(일정한 부피의 액체를 정확히 옮기는 데 사용되는 유리관) 및 주사기를 만들어 사용해요.

중력

모든 것이 땅을 향해 당겨지는 듯 보이는 자연의 **힘**.

중력은 모든 물질 사이에 작용하는 인력이에요. 인력은 서로 끌어당기는 힘이죠. 물체의 무게가 무거울수록 인력도 커져요. 지구는 우리 주변에서 가장 무거운 물체이기 때문에 모든 물체는 땅으로 떨어져요. 즉 지구가 아주 큰 힘으로 물체들을 끌어당기고 있답니다.

또한 달은 지구 중력 때문에 지구를 돌 수 있어요. 달은 앞으로 나아가고 있지만, 동시에 지구의 중력이 달을 지구 쪽으로 당기고 있어요. 이 힘의 균형으로 달은 궤도를 따라 지구 주위를 여행한답니다.

중력 측정

중력의 단위는 **뉴턴**이라고 해요. 중력은 **질량** 100g당 1뉴턴의 힘으로 물체를 잡아당겨요. 이 단위는 유명한 과학자 **아이작 뉴턴**의 이름에서 따왔어요. 뉴턴은 사과가 나무에서 떨어지는 것을 보고 물체가 왜 위가 아닌 아래로 떨어지는지 궁금해하다가 처음으로 중력을 설명한 것으로 유명하답니다.

뉴턴

힘을 측정하는 데 사용하는 표준 단위. 기호 N을 사용한다. 힘은 밀거나 당기는 것인데, 힘의 크기가 클수록 뉴턴 단위의 측정값이 커진다.

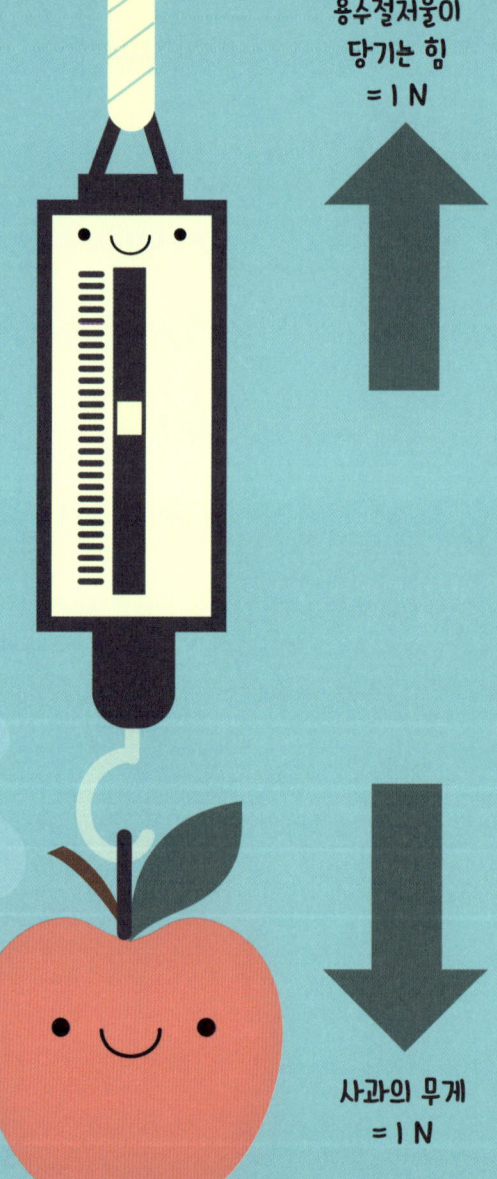

용수철저울이 당기는 힘 = 1 N

사과의 무게 = 1 N

용수철저울로 힘을 측정할 수 있어요. 고리에 스프링이 달려 있는데, 스프링이 힘을 받아 늘어나면 바늘이 눈금을 따라 움직이게 돼요.

힘에 균형이 잡히면 물체는 정지해요. 그림에서 사과가 멈춰 있는 것은 사과를 아래로 당기는 힘과 저울이 위로 당기는 힘의 크기가 같기 때문이에요.

아이작 뉴턴

뉴턴이라는 단위 이름은 17세기 영국 과학자 아이작 뉴턴의 이름을 따서 지었어요. 뉴턴은 자연 세계를 관찰하면서 사물이 움직이고, 빨라지고, 느려지고, 정지하는 이유를 설명하는 힘에 대한 몇 가지 규칙을 기록했어요. 뉴턴이 중력을 발견했는데, 그는 이것을 '당기는 힘'이라고 설명했어요.

마찰

서로 접촉하는 두 물체 사이의 **힘**. 마찰은 눈에 보이지 않지만, 마찰이 있다고 느낄 수 있다. 두 물체가 서로 반대 방향으로 움직이면 마찰 때문에 열과 **소리**가 발생하여 움직임이 느려진다.

두 표면 사이의 마찰이 작을수록 서로 미끄러지기 쉬워요.

마찰은 표면의 종류에 따라 달라요. 표면이 매끄러울수록 마찰이 작고 표면이 울퉁불퉁할수록 마찰이 커요.

이것이 롤러스케이트와 스케이트보드가 울퉁불퉁한 도로보다 빙판에서 훨씬 더 빨리 가고 자갈길에서는 움직이기 힘든 이유랍니다.

쓸모 있는 마찰

추운 날에는 손을 비벼 따뜻하게 할 수 있어요. 이것은 두 손 사이의 마찰이 열을 발생시키기 때문인데, 자세히 들어 보면 약간의 소리도 나요. 더 빨리 문지르면 더 따뜻해진답니다!

관성

물리 법칙 중 하나. **뉴턴**의 운동 제1법칙으로 물체에 **힘**이 작용하지 않는 한 물체는 하던 운동을 계속한다.

관성의 법칙은 구르는 공이 같은 **속력**을 유지하며 같은 방향으로 계속 구르는 것을 뜻해요.

실제로 우리는 공이 영원히 굴러가지 않는다는 것을 알아요. **마찰**이 공이 결국 멈출 때까지 속력을 늦추기 때문이죠. 울퉁불퉁한 잔디를 따라 구르는 축구공보다 볼링 레인처럼 마찰이 거의 없는 매끄러운 표면에서 구르는 볼링공이 더 오래 굴러갑니다.

또 관성은 물체가 스스로 움직일 수 없음을 의미해요. 정지한 물체는 힘을 받지 않으면 움직이지 않고 그대로 정지해 있답니다.

한발 늦은 움직임

기차를 타고 여행을 하다 보면 기차가 움직이기 시작할 때 뒤로 튕기는 느낌을 받아요. 이것은 관성이 기차와 몸을 정지 상태로 유지하기 때문이에요. 힘이 기차를 앞으로 움직일 때 그 힘이 몸에도 작용하는 데는 잠시 시간이 걸린답니다.

속도

물체가 특정 방향으로 이동하는 빠르기. **속력**은 빠르기만 나타내지만, 속도는 빠르기와 방향을 모두 나타낸다.

1시간

속도와 속력은 이동한 거리를 걸린 시간으로 나눈 값이에요. 자동차는 속도를 시간당 마일(m/h, 1마일은 1.6km) 또는 시간당 킬로미터(km/h)로 측정하지만, 과학자들은 일반적으로 **초당 미터**(m/s)로 측정해요.

60km/h의 일정한 속도로 이동하는 자동차는 60km를 이동하는 데 1시간이 걸려요. 실제로 자동차는 달리는 동안 일정한 속도로 주행하는 경우가 거의 없으므로 속도계는 특정 순간의 속도를 표시한답니다.

60킬로미터

가속도

가속도란 시간이 지남에 따라 속도가 변하는 걸 뜻해요. 가속도는 속도의 변화를 그 변화를 만드는 데 걸린 시간으로 나눈 값으로 측정해요. 따라서 1m/s의 속도로 걷는 사람이 3m/s의 속도로 걷기 위해 속도를 높이는 데 2초가 걸린다면 가속도는 2m/s(속도의 변화 값) ÷ 2s(초, 걸린 시간) = 1m/s/s(초당 초당 미터)죠.

전자기

자석과 전류가 상호 작용하는 방식. 자석과 전류가 서로 영향을 미치는 것은 자연의 법칙이다.
도선(전기가 흐를 수 있는 금속 선)에 전류가 흐르면 도선 주위에 자기장이 생기고, 구리 도선 주변에서 자석이 회전하면 전류가 발생한다.

1831년 **마이클 패러데이**는 코일에 자석을 통과시키면 도선에 전류가 흐르기 시작한다는 점을 발견했어요. 원통형이나 나사 모양으로 도선을 친친 감은 것을 코일이라고 해요.

오늘날 대부분 전류는 같은 방식으로 만들어져요. 발전소의 거대한 **터빈**은 회전 운동을 전기로 바꾸죠.

막대자석
절연체
(에너지가 새어 나가는 것을 막는 물질)
구리 도선

증기나 바람 또는 물은 터빈의 날개를 돌려요. 터빈이 돌아가면 자석 틀 안의 구리 도선이 회전하면서 전류가 발생해요. 그런 다음 전류는 전선을 통해 전력망으로 흘러 집과 건물로 이동하죠.

전자석

철에 감긴 구리 도선에 전류가 흐르면 전자석이 만들어져요. 껐다 켤 수 있는 자석이 되는 거죠. 거대한 전자석은 폐기물 처리장 같은 곳에서 이용돼요. 전자석이 금속 물체를 끌어당겨 이동한 다음, 스위치를 끄면 내려놓는 원리죠.

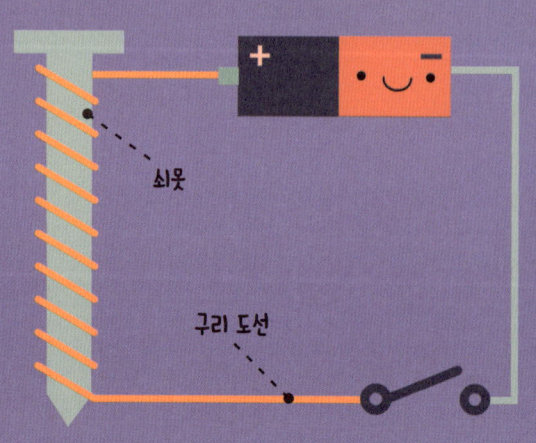

쇠못
구리 도선

천연 자석

전기로 켜고 끌 수 있는 **전자석**과 달리 자연적으로 발생하는 자석.
땅에서 발견되며 자기장을 만드는 성질인 **자성**을 영구적으로 띤다.

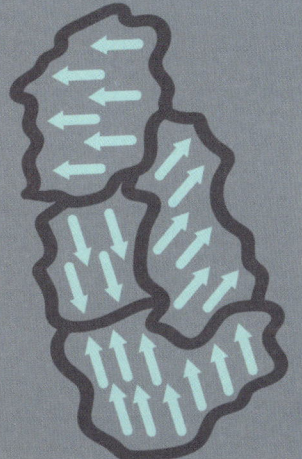

철은 자기장이 서로 다른 방향을 가리키는 구역들로 구성되어 있어요. 이 구역들이 서로 영향을 주어 철은 자기장을 띠지 않아요.

자석은 다른 자성 물질을 끌어당겨요. 자석이 자기장을 생성하기 때문이죠. 비록 눈으로 볼 수는 없지만, 다음과 같이 N극과 S극이 있어요.

하지만 자석을 철에 문지르면 모든 구역의 자기장이 같은 방향을 가리키게 되고 강한 자성을 갖게 돼요.

상호 작용

자석은 반대 극이 만나면 서로 끌어당겨요(**인력**). 그러나 N극과 N극처럼 같은 극이 만나면 서로 강하게 밀어내요.

전압

전자 **회로**에 전기가 흐르도록 하는 원인.
단위는 볼트(V)로 측정한다.
전압은 **배터리**에서 생산되어 모터나
전구 같은 구성 요소에서 사용된다.

크기가 큰 1.5V 배터리는 더 작은 1.5V 배터리와 같은
양의 전력을 제공하지만, 더 오래 쓸 수 있어요.

전자 회로에서 전원은
배터리나 주 전원 공급
장치에서 만들어져요. 배터리가
제공하는 전압이 클수록 전기가
필요한 기기에서 더 많은
에너지를 사용할 수 있죠.

1.5V 배터리 하나로
회로에 전원을 공급하면
모터가 특정 속도로 회전하게 돼요.
만약 1.5V 배터리를 하나 더
회로에 추가하면 전압이 3V로
증가하고 모터가 더 빨리
회전해요.

전압계

전압은 전압계로 측정할 수 있고, 회로의 **전자**에서 얼마나
많은 에너지가 나오는지 알려 줘요. 전구와 같은 부품에 전원을
공급하는 동안 전자의 에너지가 얼마나 감소했는지 확인할 수
있어요.

교류

가정용 전기 제품에 전력을 공급하는 방식.

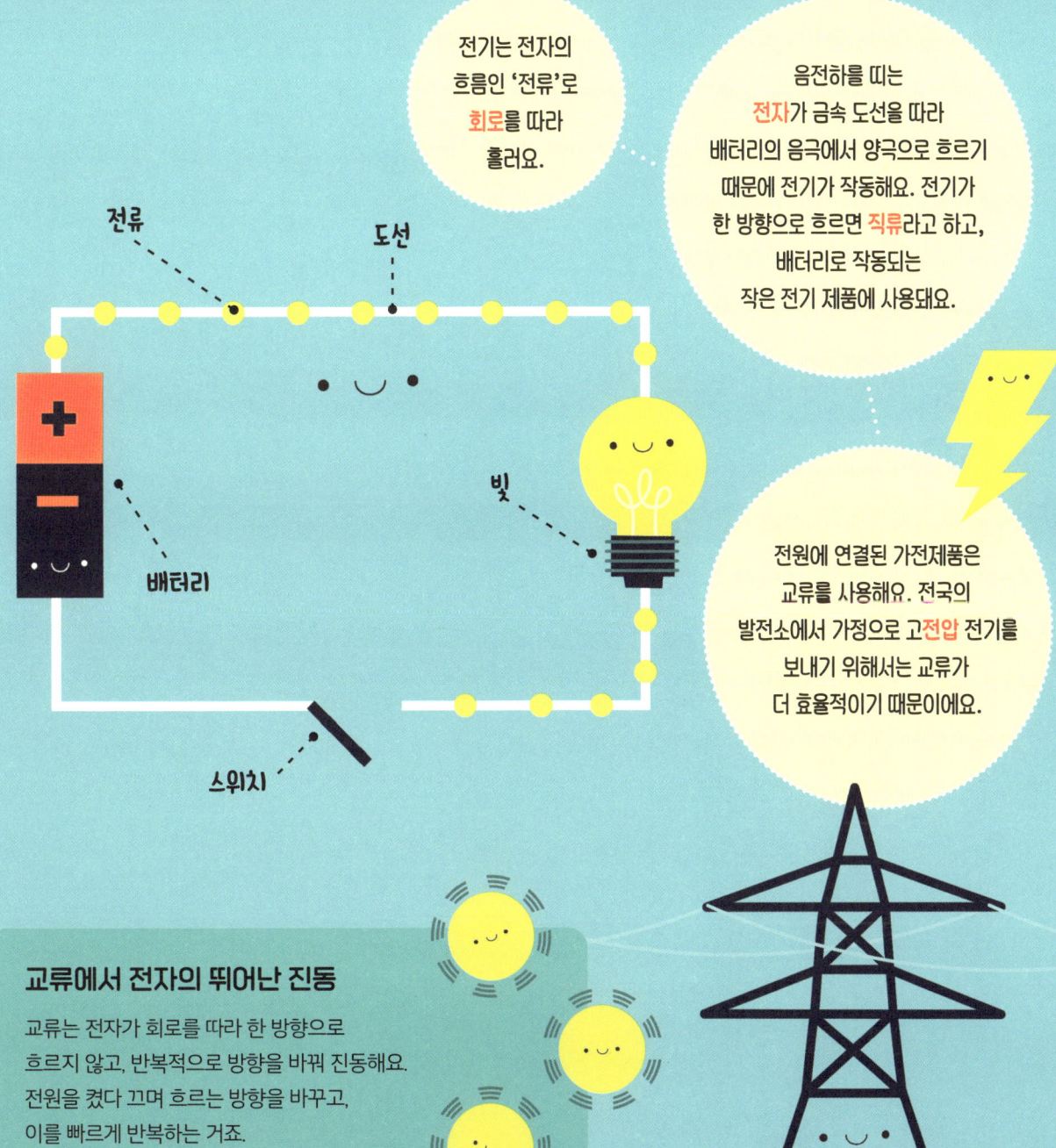

전기는 전자의 흐름인 '전류'로 회로를 따라 흘러요.

음전하를 띠는 전자가 금속 도선을 따라 배터리의 음극에서 양극으로 흐르기 때문에 전기가 작동해요. 전기가 한 방향으로 흐르면 직류라고 하고, 배터리로 작동되는 작은 전기 제품에 사용돼요.

전원에 연결된 가전제품은 교류를 사용해요. 전국의 발전소에서 가정으로 고전압 전기를 보내기 위해서는 교류가 더 효율적이기 때문이에요.

교류에서 전자의 뛰어난 진동

교류는 전자가 회로를 따라 한 방향으로 흐르지 않고, 반복적으로 방향을 바꿔 진동해요. 전원을 켰다 끄며 흐르는 방향을 바꾸고, 이를 빠르게 반복하는 거죠.
이것은 너무 빨라서 우리가 알아차릴 수 없어요.

파동

소리와 빛에서부터 라디오의 주파수(**라디오파**)와 물에 이르기까지 많은 것들이 파동을 타고 이동한다. 빛의 파동은 진행하는 방향과 **직각**, 즉 90도로 진동하는 물결 모양이다.

연못에 자갈을 떨어뜨리고 물결이 일렁이는 모습을 상상해 보세요. 물결은 위아래로 출렁이며 수평으로 이동해요.

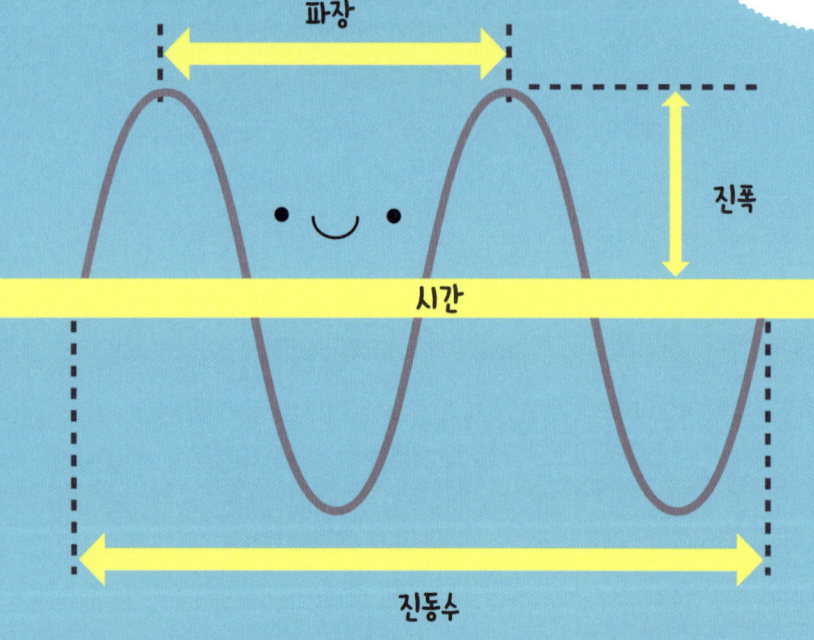

각 파동이 도달하는 높이를 **진폭**이라고 하고, 각 파동의 상단 사이의 간격을 **파장**이라고 해요. 1초 동안 파동이 진동한 횟수를 **진동수**라고 해요.

파동은 멈출 때까지 계속 바깥쪽으로 이동하면서 점차 **에너지**를 잃어요. 장애물을 만나면 뒤로 튕기는데 이것은 **반사**라고 해요.

소음 제거

서로 다른 두 파동이 만나면 서로 더해지거나 없어져요. 같은 모양으로 만나면 간섭하여 더 큰 진폭을 만들죠. 반대 모양으로 만나면 서로를 없애게 돼요. 이 원리가 소음 제거 헤드폰이 작동하는 방식으로, 듣고 싶지 않은 음파를 없앨 수 있어요.

방사선

한곳에서 다른 곳으로 이동하는 **에너지**, **빛**, **소리**, **열** 및 **X-선**을 포함하여 다양한 형태로 에너지가 방출된다. 방사선은 복사라고도 하는데, 물질을 통해 또는 비어 있는 공간을 통해 진행할 수 있다.

전자기 스펙트럼의 에너지는 **태양**에서 방출돼요. 이 방사선은 비어 있는 공간을 통해 **파동**을 타고 지구에 도달해요.

파장

라디오파	마이크로파	적외선	가시광선	자외선	X-선	감마선
방송	음식 조리, 레이더 및 전화 신호	난방	우리가 볼 수 있도록 도와줌	피부를 태우고 화상을 입힘	뼈를 볼 수 있음	암세포를 제거하는 데 사용

기계로 작동되는 방사선

모든 방사선이 비어 있는 공간을 통과할 수 있는 것은 아니에요. 소리는 파동이지만 고체, 액체 또는 기체를 통해서만 이동할 수 있어요.
불안정한 **원자**가 쪼개지면 **핵 방사선**을 방출해요. 이러한 원자는 **방사성**이며 방사성 에너지는 강력해서 매우 위험할 수 있어요.

전자기 스펙트럼에는 다양한 유형의 에너지가 있고, 우리가 보는 빛은 아주 작은 부분에 불과해요. 방사선은 **파장**이 길수록 더 멀리 이동할 수 있지만, 대신 에너지는 작아요. 파장이 짧은 방사선은 멀리 이동할 수 없지만, 더 많은 에너지를 가지고 있어서 훨씬 큰 피해를 줄 수 있어요.

회절

파동이 작은 구멍을 통과할 때 발생하는 현상.
소리와 **빛**을 포함하여 다양한 유형의 파동이 있지만,
모두 작은 구멍을 통과한 후 퍼지게 된다.

파동이 작은 구멍이 있는 장애물을 만나면 틈을 통해 이동해요. 틈을 통과하고 나면 파동은 바깥쪽으로 휘죠. 이것을 회절이라고 해요.

구멍이 **파장**만큼 좁으면 파동이 구멍의 모서리 주위로 퍼져 더 강하게 회절이 일어나요. 구멍이 파동의 파장보다 넓으면 회절 효과가 약해져요.

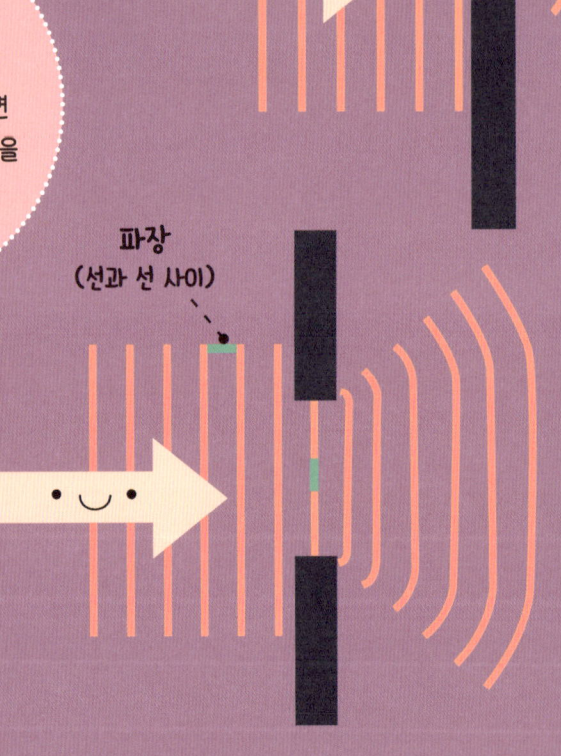

파장
(선과 선 사이)

문에서 듣기

소리의 파장은 문의 가로 길이 정도예요. 그래서 열린 문 옆 벽에 서서 누가 말하는지 잘 보이지 않아도 벽 너머의 대화를 명확하게 들을 수 있어요. 틈, 즉 열린 문의 공간이 파장보다 넓으면 파동이 덜 회절하기 때문에 문이 넓을수록 잘 들리지 않아요.

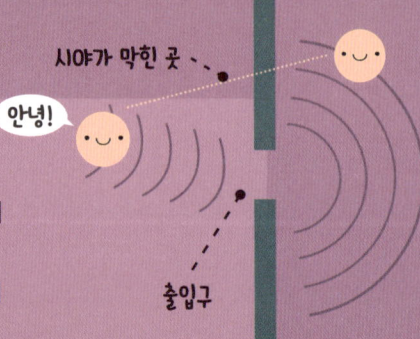

시야가 막힌 곳
안녕!
출입구

반사

수학 및 물리학의 개념. 둘은 서로 다르지만 비슷한 규칙을 가지고 있으며, 거울에서 일어나는 반사는 **물리학**의 반사다.

광원

입사광

반사광

거울 (반사면)

여러분이 거울을 보고 여러분의 반사된 모습을 볼 때, 얼굴에 반사되어 거울로 향한 빛이 거울에 다시 반사되어 오는 모습을 보게 돼요.

빛은 항상 직선으로 움직여요. 물체 주위를 돌아다닐 수는 없지만, 거울이나 광택이 나는 금속처럼 매끄럽고 반짝이는 표면에서 반사되죠. 빛이 반사할 때 닿는 각도와 같은 각도로 튕겨 나와 방향이 바뀌게 됩니다.

수학에서 반사

수학(기하학)에서 반사는 **변형**이며 모양을 바꾸는 것을 뜻해요. 어떤 공간에 있는 점을 가상의 선을 경계로 거울에 비친 듯 이동하는 것을 말해요. 각 점은 가상의 선으로부터 떨어진 거리는 같지만 좌우 위치가 바뀌어요.

열역학 Thermodynamics

열과 다른 모든 유형의 **에너지**, 그리고 그것들이 서로 어떻게 관련되어 있는지를 연구하는 **물리학**의 한 분야. 'therm(열)'은 '**열**(heat)'을 뜻하고, 'dynamics(역학)'는 '서로 다른 물체 사이에서 어떻게 움직이는가'에 관한 것이다.

에너지는 일을 할 수 있는 능력이에요. 열역학 제1법칙에 따르면 에너지는 결코 새로 생성되거나 사라질 수 없어요. 잔디 위를 굴러가는 공이 멈추면 에너지가 사라진 듯 보일 수 있지만, 에너지는 단순히 한 상태에서 다른 상태로 바뀌는 거예요.

77°C

14°C

열에너지

열에너지는 뜨거운 곳에서 차가운 곳으로 이동해요. 뜨거운 음료가 든 컵을 만지면 차가운 손이 따뜻해지는 것과 같죠.

에너지의 이동

열과 **소리** 및 원자력 에너지는 **방사선**(복사)을 통해 이동해요. 전기 에너지는 전기 **회로**에 의해 **배터리**에서 장치로 이동하죠. 물체가 높은 곳에 있을 때, 낙하할 수 있는 중력 **위치 에너지**가 있어요. 낙하해 움직이기 시작하면 이 에너지가 **운동 에너지**로 바뀌어요.

자외선

방사선 중 하나인 **전자기 스펙트럼**에서 사람의 눈으로 볼 수 없는 **빛**의 영역 중 하나며, 영어를 줄여서 UV(ultraviolet)라고 한다. 사람은 자외선을 볼 수 없지만, 일부 동물은 볼 수 있다.

자외선은 파장이 짧고 에너지가 커서 세포를 망가뜨리고, 죽일 수 있어요. 특히 사람의 피부에 화상을 입힐 수 있고, 심한 경우 피부암이 생기기도 해요.

자외선 차단제나 선글라스와 의류는 자외선으로부터 우리 몸을 보호해 주고, 오존층은 자외선이 지구에 도달하기 전에 일부를 흡수하여 지구를 보호하죠.

안전을 지키는 햇빛

우리가 해로운 자외선으로부터 우리 자신을 보호하는 동안, 자외선은 우리의 안전을 책임지기도 해요. 자외선은 세포에 상처를 입힐 수도 있지만, 세균을 죽일 수도 있기 때문에 햇빛은 강력한 소독제예요. 특수 UV 조명은 실험실이나 연구실에서 세균을 죽이고 표면을 살균하는 데 사용된답니다.

수학과 예술 속 똑똑한 발명품

3

X-선

1895년에 발견되었으며 우리 몸 내부의 뼈 사진을 찍는 데 사용하는 **전자기 스펙트럼**의 보이지 않는 부분. X-선을 발견한 과학자가 처음에는 X-선이 무엇인지 몰라서 'X-선'이라는 이름을 붙였다고 한다.

X-선은 우리 몸의 근육이나 장기와 같은 밀도가 낮은 부분은 통과할 수 있지만, 밀도가 높은 뼈는 통과할 수 없어요. 그래서 특수한 필름 앞에 손을 두고 손에 X-선을 쏘면 뼈가 X-선을 막아 뼈의 이미지는 흰색으로 남고 나머지는 검게 변해요.

X-선 이미지는 뼈가 부러졌는지, 치아가 어떻게 자라고 있는지 또는 특정 질병을 찾기 위해 병원에서 사용돼요.

위험한 광선

처음에 사람들은 X-선이 위험한 줄 몰랐지만, X-선에 자주 노출되면 화상과 탈모, 암, 심지어 사망할 수도 있어요. 오늘날에도 X-선은 여전히 병원에서 부러진 뼈를 관찰하고 장기 질환을 확인하는 데 사용되지만, 훨씬 약해졌고 안전 조치를 철저히 하고 있어요.

초음파

신체를 갈라서 벌리지 않고 내장에 해를 끼치지 않으면서 내부를 들여다보는 데 사용되는 기술. 초음파는 피부를 통과하거나 빛이 있는 유연한 튜브를 통해 몸에 들어갈 수 있다.

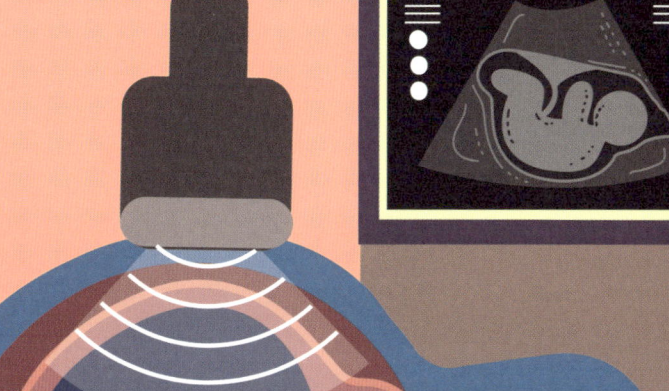

초음파 스캐너는 신체 **조직**을 통과하는 고주파 소리 **파동**(음파)을 보내는 방법을 사용해요. 조직의 밀도가 낮을수록 초음파는 더 쉽게 통과할 수 있어요.

이 방법은 음파가 신체 내부의 다른 조직에 반사되어 돌아오는 음파를 듣는 거예요. 컴퓨터는 이 소리의 정보를 화면에 이미지로 변환시켜요.

안전한 관찰

음파는 **X-선**보다 훨씬 안전하므로 초음파는 아기가 태어나기 전에 관찰하는 데 사용해요. 초음파는 아기의 움직임을 보여 주고, 심장 박동을 들려줄 수도 있으며, 각각의 신체와 장기들이 잘 발달하고 있는지 확인할 수도 있어요.

발전기

움직임을 전기로 바꾸는 기계. 발전기는 간단한 전기 발생기며, 전류를 생산하는 최초의 발명품 중 하나다.

발전기는 운동 에너지를 사용하여 구리 코일 내부의 *자석*을 돌려 전기를 생산해요.

이 동작으로 전기가 흐르는 것을 *전자기* 유도라고 해요.

64p 참조

자석 틀

회전축

구리 도선 코일

회전축

*에너지*는 바람, 물, 증기 또는 근육의 힘과 같은 거의 모든 곳에서 올 수 있어요! 발전기가 만드는 전력은 들어오는 동력(자석이 회전하는 속도)과 사용된 구리 도선의 양(철심에 몇 번 감겼는지)에 따라 달라져요.

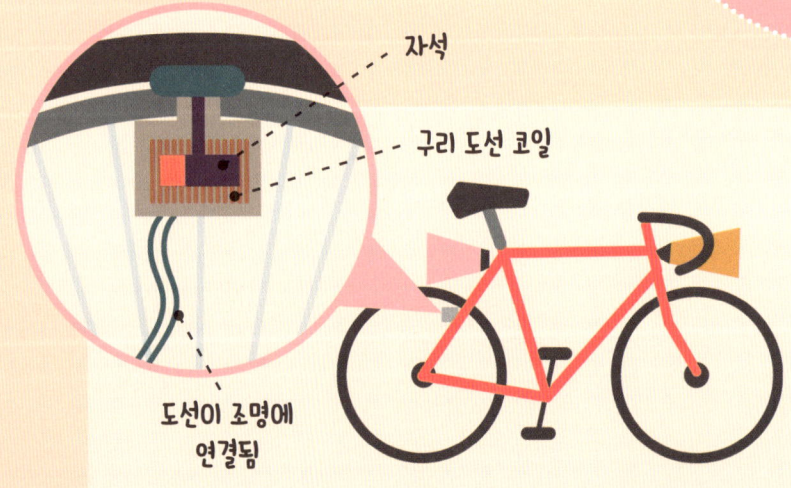

자석

구리 도선 코일

도선이 조명에 연결됨

자전거 불빛

자전거의 발전기 조명은 회전하는 자전거 바퀴를 사용하여 구리 도선 내부의 자석을 돌려 작동해요. 생산된 전기는 자전거 조명에 전달되어 바퀴가 회전하는 동안 빛을 발생시켜요.

트랜지스터

전자 **회로**에서 장치의 작동 방식을 제어하는 데 사용되는 구성 요소. 트랜지스터는 전류를 켜고 끌 수 있으며 이미 흐르는 전류를 **증폭**할 수 있어 거의 모든 전자 장치에 사용된다.

트랜지스터는 **반도체**로 만들어요. 반도체는 전기를 흐르거나 흐르지 않게 할 수 있는 **규소** 등과 같은 물질이에요. 트랜지스터는 회로의 저항이나 전압과 같은 다른 구성 요소에 의해 조절돼요.

트랜지스터를 통과하는 전기의 양은 매우 다양해요. 그래서 트랜지스터를 통해 전자 회로 일부를 켜고 끌 수 있고, 교통정리를 하듯이 회로의 다른 부분에 더 많은 전기를 공급할 수 있어요.

보청기

트랜지스터를 사용한 최초의 발명품 중 하나는 보청기예요. 보청기는 소리를 전기로 변환하고, 이 전기는 트랜지스터를 통과할 때 증폭돼요. 그런 다음 증폭된 신호는 스피커에 의해 훨씬 더 큰 소리로 변환되지요.

절연체

에너지가 원하지 않는 곳으로 '새어 나가는' 것을 막는 물질.
에너지는 열이나 소리 또는 전기 에너지일 수 있으며,
절연체의 반대는 도체다.

절연체는 전선 안에 전기를 가두어 안전하게 취급할 수 있는 전기 기기의 중요한 부품이에요.

전기뿐만 아니라 열을 가두어 난방과 보온에도 효과가 있어요. 겨울에는 모자가 머리를 따뜻하게 해 줘요. 뜨거운 물이나 증기로 공기를 데워 난방하는 라디에이터는 물과 증기가 이동하는 파이프를 절연체로 감싸 효율적으로 열이 전달되도록 해요. 파이프 주변을 감싸는 절연체를 단열재 혹은 보온재라고 해요.

여러분이 집에서 내는 소리가 이웃집으로 전해져 이웃을 괴롭히지 않으려면 방음이 중요해요! 바로 소리 절연체를 이용해 소리가 새어 나가거나 들어오는 것을 막아야 하죠.

재료의 특성을 이용해!

재료마다 전기 전도성도 달라요. 금속은 열과 소리뿐만 아니라 전기를 흐르게 하는 훌륭한 도체예요. 그런데 도선은 구리로 만들어지고, 뜨거운 음료는 금속 컵에서 빨리 식어요.
플라스틱으로 금속 도선을 코팅하면 전기를 안전하게 가둘 수 있어요. 뜨거운 음료를 따뜻하게 유지할 때도 플라스틱이 많이 사용돼요. 플라스틱은 참 훌륭한 절연체죠?

기압계

대기 과학에서 이용하는 **기압**(공기 압력)을 재는 도구. 몇 가지 다른 종류가 있지만 모두 우리 주변 공기가 얼마나 무거운지를 알려 준다.

공기는 가볍게 느껴지지만, 항상 움직이는 다양한 기체 **분자**가 모여 있어요. 기압이 높을 때는 더 많이 모여 있고, 기압이 낮을 때는 더 적게 모여 있어요. 같은 고도에서 주위보다 기압이 높으면 고기압, 주위보다 낮으면 저기압이라고 해요.

고기압에서는 보통 날씨가 맑고 건조하고, 저기압에서는 비나 눈, 우박이 내릴 가능성이 있어요.

얼마나 높을까?

기압계는 **고도**를 잴 때도 사용할 수 있어요. 고도가 높을수록 기압은 낮아져요. 해수면에 가까울수록 우리 위로 공기가 더 많아져서 기압이 높아져요.

광섬유

광섬유 기술(광통신)은 전화에서 TV 및 인터넷에 이르기까지 모든 종류의 통신을 거의 **빛의 속도**로 이동할 수 있도록 한다. 빛은 우주에서 가장 빠르므로 광섬유 통신은 매우 빠르다!

코어 (중심 유리)

클래딩

보호 피복

빛은 광섬유를 따라 이동해요. 광섬유를 모아 만든 광섬유 케이블은 사람의 머리카락 굵기 정도에서 구부릴 수 있어요.

이 작은 케이블에서는 빛이 특정 면에서 100% **반사**되는 전반사 현상이 일어나는데, 이 때문에 빛을 멀리까지 이동시켜요. 빛이 케이블의 안쪽 면에 부딪히면, 산란(빛이 예상 경로를 벗어나는 현상)하지 않고 같은 **각도**로 반사돼요.

빛은 케이블을 따라 지그재그로 움직이며 빛의 속도로 이동해요.

이진법

컴퓨터는 사진과 소리를 0과 1로만 구성된 이진법으로 변환해요. 이 **코드**는 광섬유 케이블을 통해 전달할 수 있어요. 빛이 있으면 1, 빛이 없으면 0으로 신호를 보내요. 이렇게 보낸 신호를 케이블의 다른 쪽 끝에서 다른 장치가 신호를 번역하여 보낸 그대로 표시할 수 있어요.

와이파이

컴퓨터와 다른 기기들을 인터넷에 무선으로 연결할 수 있는 방법.
기기들은 짧은 거리에서 잘 작동하는 **라디오파**를 사용하여 통신한다.
장거리 통신을 위해서는 전용 전선이 필요하다.

컴퓨터는 **이진법**으로 정보를 이해해요. 정보는 보통 **광섬유** 케이블, 구리 도선, 전파와 같은 세 가지 방법으로 전달돼요. 전파는 우리 눈에 보이지 않지만, 공기를 통해 이동하며 안테나에 의해서 감지되어 변환될 수 있어요.

와이파이 연결은 짧은 거리에서만 작동하지만, 와이파이 라우터라는 장치를 이용하면 유선으로 다른 지역의 인터넷과 연결할 수 있어요.

헤디 라마

와이파이 보안 기술은 제2차 세계 대전 때 할리우드의 슈퍼스타 헤디 라마에 의해 개발되었어요. 그녀는 전파로 조종되는 미 해군의 어뢰가 목표물에서 계속 빗나간다는 이야기를 들었어요. 그래서 전파 정보를 알 수 없도록 전파의 주소를 계속 바꾸는 '주파수 도약'이라는 생각을 해냈어요.

AI 인공지능

인공지능(Artificial Intelligence)의 약자.
컴퓨터가 사람처럼 배우고 생각하게 만드는 기술이다.

지금의 컴퓨터는 시키는 일만을 잘하지만, 인공지능을 사용하면 컴퓨터 스스로 생각할 수 있어요.

인공지능 컴퓨터는 정보를 받아들이고 (**입력**) 어떻게 반응할지 결정하고 행동할 수 있어요. 인공지능에는 인간이나 다른 컴퓨터가 제공한 **데이터**나 **온도**, 도로 위의 자동차 수, 오염 수준과 같은 외부 세계의 정보를 입력할 수 있어요.

인공지능은 사람이 처리할 수 있는 양보다 훨씬 많은 정보를 처리할 수 있기 때문에 매우 유용해요. 수많은 과거 날씨 패턴(일정한 형태)을 종합해서 폭풍우가 올지 안 올지를 예측할 때 사람이 살피지 못한 패턴을 찾아내 알려 줄 수도 있어요.

인공지능이 할 수 없는 것

광대한 양의 정보를 살피고 분석할 수 있는 인공지능이지만 할 수 없는 일도 있어요. 새로운 아이디어를 상상하거나 어떤 과목에서 배운 내용을 다른 과목에 적용하는 일 같은 창의적인 일은 인간만이 할 수 있어요.

일요일 · 월요일 · 화요일

기계

몇 가지 작업을 훨씬 더 효과적으로 할 수 있도록 도움을 주는 것.
르네상스 시대(400~500년 전가량)의 과학자들은 작업을 더 쉽게 하기 위해 자연의 **힘**을 사용하는 몇 가지 간단한 기계들을 만들고 이름을 붙였다.
이 기계들은 오늘날에도 일상생활에서 항상 사용되고 있다.

지레
지레는 널빤지와 받침점으로 이루어져 있어요. 받침점의 위치를 바꾸면 무거운 것을 더 쉽게 들 수 있고, 가벼운 것을 더 높이 들어 올릴 수도 있어요.

축바퀴
작은 축이 회전할 때 큰 바퀴는 같은 횟수만큼 회전하지만, 지름이 더 길기 때문에 더 많이 이동하게 돼요. 축은 더 짧은 거리를 이동하지만, 더 많은 힘을 내요.

도르래
도르래는 축에 고정된 바퀴와 움직이는 밧줄로 물건을 들어 올리기 위해 당기는 힘의 방향을 바꿀 수 있어요. 밧줄이 여러 개의 도르래를 거칠수록 물건을 더 쉽게 들어 올릴 수 있죠.

빗면
무거운 것을 똑바로 들어 올리는 것은 매우 어렵지만, 빗면을 따라 밀어 올리면 작업이 더 쉬워요.

나사
나사는 회전 운동을 직진 운동으로 변화시켜 평평한 쪽에서 뾰족한 쪽으로 힘을 증가시켜요. 맨손으로 나무에 못을 박는 것보다 드라이버를 이용해 나사를 박는 것이 훨씬 쉬워요.

쐐기
쐐기는 넓은 면에 가해지는 모든 힘을 뾰족하고 날카로운 끝에 모아서 큰 힘을 발휘할 수 있어요. 물건 사이를 벌리거나 틈에 맞물려 조이는 데 쓰여요.

원근법

무언가를 보는 방법. 예술에서 보는 사람이 마치 실재인 듯 느끼도록 그리는 방법이다. 원근감이 있는 사진은 더 입체감이 있어 보일 수 있다.

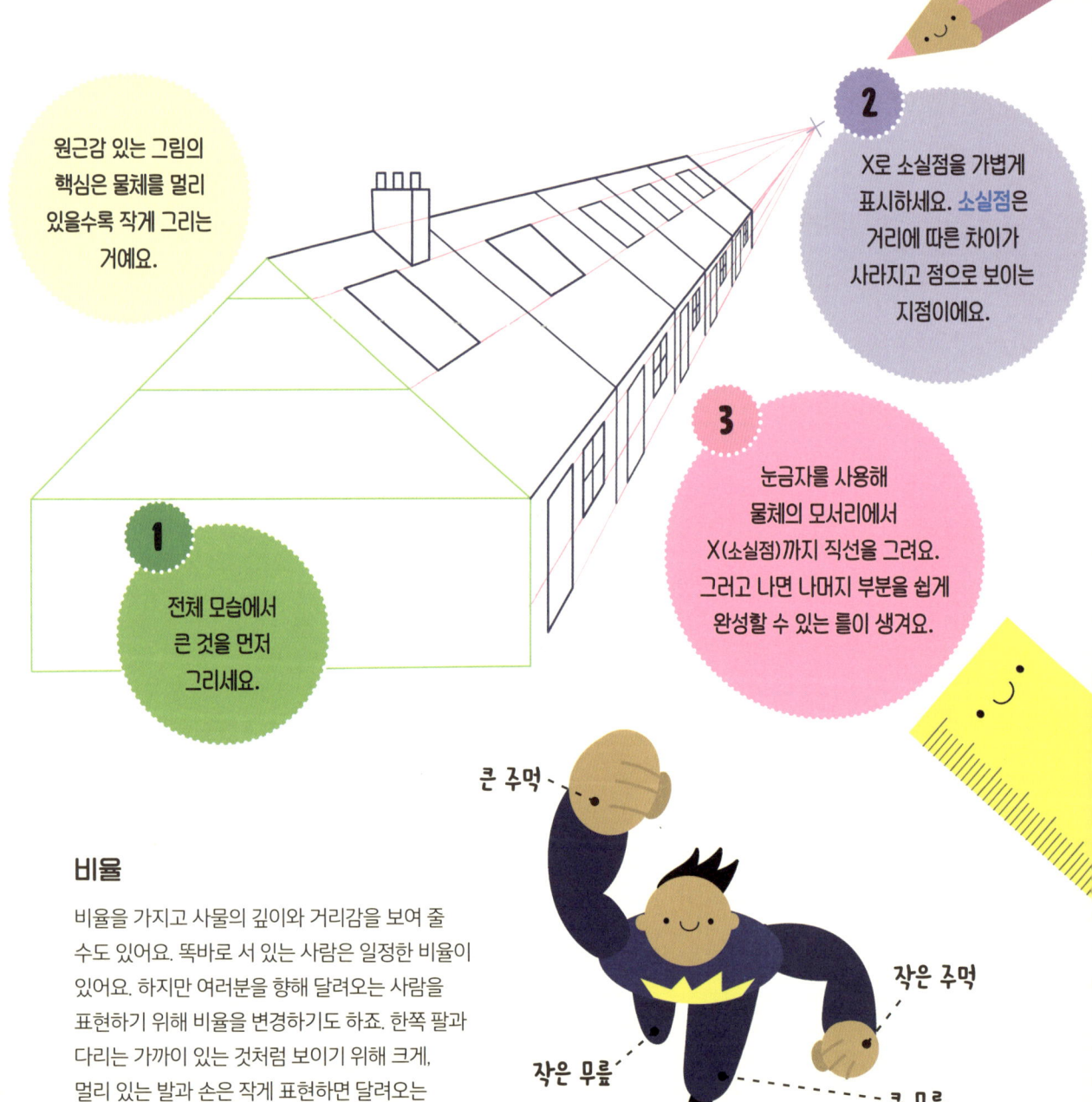

1 전체 모습에서 큰 것을 먼저 그리세요.

2 X로 소실점을 가볍게 표시하세요. 소실점은 거리에 따른 차이가 사라지고 점으로 보이는 지점이에요.

3 눈금자를 사용해 물체의 모서리에서 X(소실점)까지 직선을 그려요. 그리고 나면 나머지 부분을 쉽게 완성할 수 있는 틀이 생겨요.

원근감 있는 그림의 핵심은 물체를 멀리 있을수록 작게 그리는 거예요.

비율

비율을 가지고 사물의 깊이와 거리감을 보여 줄 수도 있어요. 똑바로 서 있는 사람은 일정한 비율이 있어요. 하지만 여러분을 향해 달려오는 사람을 표현하기 위해 비율을 변경하기도 하죠. 한쪽 팔과 다리는 가까이 있는 것처럼 보이기 위해 크게, 멀리 있는 발과 손은 작게 표현하면 달려오는 사람처럼 보일 수 있답니다.

스케치

아이디어, 발명 또는 계획을 빠르게 작성하는 데 도움이 되는 예술 기술.
간단한 방법으로 아이디어를 전달할 수 있는 좋은 방법이며,
그림을 그릴 때 생각을 발전시키는 데 도움이 된다.

스케치는 완벽하기 위한 것이 아니라 대략적인 그림일 뿐이에요. 그렇기 때문에 마음속에 있는 생각을 발전시키는 데 도움이 되지요. 더 좋은 아이디어가 있으면 언제든지 스케치를 발전시킬 수 있어요. 스케치를 연습하면 그림 그리기, 생각, 사물을 보는 방식에 도움이 돼요.

물체를 스케치하려면 먼저 어떤 모양이 물체를 구성하는지 살펴봐야 해요. 가장 큰 모양을 그린 다음 자세한 것들을 조금씩 추가하면 돼요.

스케치를 위한 가장 좋은 방법

자유로움을 느껴 봐요. 어떻게 보이는지 걱정하지 말고 그림을 그려요. 가능한 많은 종이를 사용하여 크게 그려 봐요. 이렇게 하다 보면 똑같이 그려야 한다는 생각에 얽매이지 않고 자유롭게 그리는 데 도움이 돼요. 가벼운 마음으로 스케치를 시작하세요. 마음에 들지 않는 부분이 있다면 선을 지우면 되니까요.

해칭

평행선을 사용하여 잉크나 연필로 그린 그림에 음영, 짙고 옅음, 표면 느낌을 추가하는 예술 기법. 다른 위치에 다른 음영을 추가하여 평면 그림을 입체로 보이게 할 수 있다.

교차 해칭은 해칭 위에 다른 **각도**로 더 많은 평행선을 배치해 다양한 효과를 표현하는 또 다른 방법이에요.

해칭은 평행선으로 밝고 어두운 **음영** 처리를 해요. 선을 그리는 간격에 따라 다르게 보여요. 선이 가까울수록 어둡게 보이고 선 간격이 넓을수록 가볍고 밝게 보여요.

더 어둡게 보이려면 매번 새로운 각도를 찾아 더 많은 평행선을 추가해요.

교차 해칭

음영법(명암법)

점묘법

음영 및 점묘

연필을 사용할 때 연필을 얼마나 세게 누르느냐에 따라 음영의 정도를 바꿀 수 있어요.
점묘는 점을 사용하여 다양한 밝기를 표현할 수 있어요. 점이 많고 가까울수록 그 영역은 더 어두워 보이지요.

이탤릭체

글자는 주로 세 가지 방법으로 표시한다. **정자체**, **볼드체**(굵거나 진한 글자), 이탤릭체(기울임).

정자체는 일반적으로 사용되는 글자로 이처럼 똑바로 쓴다.

볼드체는 두껍게 쓰고, 제목이나 강조할 때 사용한다.

이탤릭체는 옆으로 기울어져 있고 강조할 때 사용한다.

글쓰기에서 이탤릭체는 작가의 뜻을 더 깊게 표현할 때 사용해요. 이탤릭체는 단어를 더 강조한다는 뜻이고, 문장에서 강조하는 단어를 바꾸면 문장의 뜻이 달라지죠.

> 난 다시 *그러지* 않을 거야.

> *난* 다시 그러지 않을 거야.

> 난 *다시* 그러지 않을 거야.

볼드체도 단어를 강조하지만, 이탤릭체와 다르게 눈에 잘 띄어요. 그래서 볼드체는 읽는 사람이 글에서 찾아봐야 하는 단어에 가장 잘 어울려요.

이탈리아 양식

영어권에서는 정자체를 로만체라고도 해요. 로만체와 이탤릭체는 모두 개발한 곳의 이름을 붙였어요. 이탤릭체는 **르네상스 시대** 이탈리아의 베네치아에 있던 한 인쇄소 주인이 발명했어요. 손 글씨처럼 보이기 위해서, 글자가 차지하는 공간을 줄이기 위해서였어요. 글자가 작을수록 더 많은 글을 실어 책을 작게 만들 수 있으니까요.

> 네 생각을 글로 표현해라.
> ← - - - - - - - - - - - →
> ← - - - - - - - - - - - →
> *네 생각을 글로 표현해라.*

기하학

도형에 관한 수학의 한 부분. 도형의 **각도**, 상호 작용, 도형이 우리에게 어떤 도움을 주는지, 도형의 특별한 성질을 연구한다.

직각

기하학은 도형에 관한 정보로 가득해요. 이런 규칙은 바뀌지 않아요. 이를테면 정사각형은 선의 길이가 같은 네모 모양이고 네 각은 모두 90도(직각)예요.

기하학에서는 각도를 측정하는 각도기, 원을 그리는 컴퍼스, 직각을 그리는 직각자 같은 특정 도구를 사용합니다.

3차원이 뭘까?

기하학은 2차원(2D)인 평면 도형뿐만 아니라 3차원(3D)인 입체 도형도 조사해요. 원의 입체 형태는 구(공 모양)이고 입체 정사각형은 정육면체(주사위 모양)이며 입체 삼각형은 삼각뿔(피라미드 모양)이에요. 건물을 보면 서로 다른 평면 모양이 어떻게 연결되어 새로운 입체 물체를 만드는지 알 수 있어요.

셈할 때 기본 단위. 각 단일 숫자(0~9)는 **자리 숫자**라고 하며 자리 숫자가 모여 큰 수를 만든다. 0과 자연수(양의 정수), 음의 정수는 **정수**라고 하고, 수의 부분을 **분수**라고 한다.

수가 나타나는 순서인 **자릿값**은 정말 중요해요.

수를 쓸 때 숫자가 있는 위치는 그 값을 알려 줘요. 숫자 3, 6, 8로 수를 만들면 각 숫자가 있는 위치에 따라 수가 달라져요. 863은 368이나 683보다 훨씬 큰 수예요.

이렇게 자릿값을 쓰는 방법을 **십(10)진법**이라고 해요.
각 자릿값은 오른쪽 자릿값보다 10배 더 커요.

십진법 자릿값	100	10	1
수 863	8	6	3

문자의 비밀

과학에서 어떤 숫자의 값들은 문자로 표현돼요. 문자가 방정식에서 사용되는 경우 항상 같은 값을 나타내요.

c = **빛의 속도** = 299,792,458m/s(**초당 미터**)

영  0

'있지 않음' 또는 '값 없음'을 나타내는 수. 어떤 수에서 그 수를 빼면, 결과는 0이다. 실제 있지 않은 것에 이름을 붙이기 어렵기 때문에 사람들이 0이라는 이름을 붙이는 데는 오랜 시간이 걸렸다.

0을 생각해 내기 전에는 값 '없음'을 어떻게 표현했을까요? 2,300년 전쯤 바빌로니아인들은 0 대신 이렇게 썼답니다.

숫자로 표시되지는 않았지만 3,063처럼 큰 숫자를 쓸 때 그 **자릿값**을 표시하는 기호로 사용되었어요. 만약 0이 없다면, 그 숫자는 3,063과는 완전히 다른 3630이 되었을 거예요.

로마인은 0을 사용하지 않았어요. 그들은 10의 배수에 따른 하나의 글자를 정해 사용했어요.

10 = X	100 = C
20 = XX	500 = D
50 = L	1000 = M

0의 발견

사람들은 우리가 '0(영)'이라는 개념을 갖기 훨씬 전부터 이를 표현하기 위한 방법을 정하고 사용했어요. 7세기에 인도의 천문학자 브라마굽타는 '영(0)'이라는 개념을 발견했고, '빈(비어 있는)'이라는 뜻의 '슈냐'라는 이름을 붙였어요. 9세기에 바그다드의 한 수학자가 슈냐를 점 기호로 바꾸었고, 이것이 오늘날 우리가 사용하는 0으로 발전했어요.

소수

숫자 1 또는 같은 숫자로만 나눌 수 있어서 특별한 수. 숫자 19는 소수다. 19를 만드는 단 한 가지 방법은 1과 19를 함께 곱하거나 19를 1로 나누는 것이다.

인수: 1, 19

숫자 20은 19 다음이지만, 여러 인수를 갖기 때문에 소수가 아니에요. 2와 10, 4와 5, 1과 20을 곱하면 20이 되죠. 이런 숫자를 합성수라고 불러요.

인수: 1, 2, 4, 5, 10, 20

2, 3, 5, 7, 11, 13, 17, 19,
23, 29, 31, 37, 41, 43,
47, 53, 59, 61, 67, 71,
73, 79, 83, 89, 97

1과 100 사이에는 소수가 25개 있어요. 2가 아닌 모든 짝수는 2로 나눌 수 있으므로, 숫자 2는 짝수면서 짝수 중 단 하나뿐인 소수예요. 그렇다고 모든 홀수가 소수는 아니에요.

소수 발견

우리는 15세기부터 소수의 발견을 기록해 왔어요. 1456년에 소수 8,191이 발견되었어요. 새로운 소수를 발견하기까지 144년이나 걸리기도 했지요. 1951년에는 컴퓨터를 사용하지 않은 44자리의 가장 큰 소수와 컴퓨터를 사용한 79자리의 첫 번째 소수가 발견되었어요.

알고리즘

수학에서 가져온 방식으로 문제를 푸는 단계적인 방법. 단계는 매우 명확해야 하며 정확하게 지켜야 한다. 어느 시점에서 단계가 종료되고 최종 결과가 나온다.

양말 정리 알고리즘

입력

← 완전히 깨끗한 양말

프로세스

- 양말 짝이 맞나요?
  - YES → 정리하자!
  - NO → 짝이 맞는 양말을 찾아.
- 양말이 남아 있나요?
  - YES (계속)
  - NO → 끝났습니다.

출력

← 양말을 다 정리했습니다.

컴퓨터 프로그램은 특정 작업을 하기 위해 알고리즘이 필요해요. 그러나 방을 정리하는 과정처럼 컴퓨터 기반이 아닌 아날로그적인 것도 표현할 수 있어요. 알고리즘에는 입력, 프로세스 및 출력이 필요해요. 각각의 작업마다 프로세스의 단계가 모두 달라요.

고대부터 있던 알고리즘

알고리즘은 요즘 많이 사용하는 온라인 검색 엔진 또는 온라인 쇼핑 플랫폼에서 아주 성공적으로 사용되고 있어요. 그러나 2,000여 년 전인 기원전 300년에 고대 그리스의 수학자 유클리드는 수학 문제를 풀기 위해 현재의 알고리즘과 비슷한 형태로 해결 방법을 작성했어요. 또 '알고리즘'이라는 단어는 9세기에 이슬람 수학자에 의해 처음 사용되었어요.

루프

컴퓨터 **프로그램**에서 컴퓨터가 얼마나 같은 작업을 반복해야 하는지 알려 주는 **코드**.

컴퓨터는 지루해하거나 지치지 않기 때문에 멈추라는 명령을 받을 때까지 같은 명령을 반복해요. 전기만 계속 공급된다면요.

이런 루프를 통제할 수 있는 명령어에는 until(~이 될 때까지), while(계속 반복하기), when(~할 때)이 있어요.

마라톤을 하는 로봇을 만들었을 때 다음과 같이 프로그래밍할 수 있어요.

UNTIL THE FINISH LINE
(결승선까지)

KEEP RUNNING
(계속 달려라)

학교에서 학생들이 학교에 왔는지 확인할 때, 다음과 같이 프로그래밍할 수 있어요.

ANSWER 'YES' TO THE TEACHER
(선생님께 '예'라고 대답하세요)

WHEN THEY SAY YOUR NAME
(너의 이름을 부를 때)

반복

루프를 사용하면 '머리를 같은 동작으로 10번 빗는다.'처럼 반복되는 명령을 몇 번 해야 하는지 간단하게 말할 수 있어요. 루프는 반복되는 명령어들을 계속 **입력**하는 수고를 줄여 주고 간단한 명령어로 바꾸어 코드를 단순하게 만들 수 있어요.

피보나치 수열

간단한 규칙을 따르는 **수**의 배열. 수열에서 각 숫자는 앞에 오는 두 숫자를 더해 만들어진다.

수열은 이렇게 시작해요.

0 1 1 2 3 5 8 13 21 34 55 89

0+1=1 1+1=2 1+2=3 2+3=5 3+5=8 5+8=13 8+13=21 13+21=34 21+34=55 34+55=89

이 단순한 규칙은 특별한 효과를 만들어요. 이 숫자를 사용해 그 숫자 크기의 정사각형을 만들면 나선형 모양으로 깔끔하게 맞춰져요.

매우 멋져 보이지만 그보다 더 흥미로운 사실은 이렇게 수학적 규칙으로 만든 나선형이 달팽이 껍데기부터 꽃씨, 은하계의 구조에 이르기까지 자연에서 자주 나타난다는 점이에요.

황금 비율

황금 비율은 황금비라고도 해요. 비율은 하나의 값을 다른 값으로 나누어 계산해요. 황금 비율 값은 1.618이에요. 이 비율이 특히 아름답고 자연에서 흔히 볼 수 있어서 '황금'이라고 이름 붙였어요. 피보나치 수열에서 연이어 나오는 두 숫자는 모두 황금 비율을 가져요.

가설

어떤 현상이 어떻게 작동하는지에 대한 생각이나 추측. 모든 과학은 가설에서 시작한다. 과학자는 가설이 맞는지 또는 맞게 고칠 필요가 있는지, 더 많은 연구가 필요한지 확인하기 위해 가설을 **검증**한다.

과학자가 가설을 제시할 때는 가설을 설정한 이유를 설명해야 해요. 왜 그 일이 일어난다고 생각하는지 이유를 말할 수 있어야 하죠. 과학자는 비슷한 조건에서 일어나는 일을 바탕으로 자신의 추측을 뒷받침할 수 있어요.

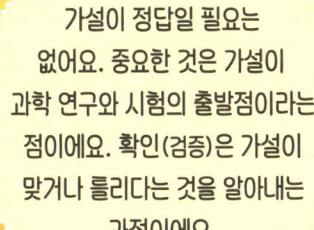

가설이 정답일 필요는 없어요. 중요한 것은 가설이 과학 연구와 시험의 출발점이라는 점이에요. 확인(검증)은 가설이 맞거나 틀리다는 것을 알아내는 과정이에요.

가설은 어디서 찾을까?

과학자는 세상을 관찰함으로써 연구할 것을 찾아요. 흥미롭거나 특이한 것을 발견하면 그 일이 일어나는 이유에 대한 가설을 세우죠. 여러분도 과학자가 되어 보면 어떨까요? 과학자만큼 세상의 많은 것, 세세한 것까지 알지 못해도 괜찮아요. 세상과 자연을 관찰하며 가설을 세우고 이를 확인함으로써 누구나 과학자가 될 수 있답니다.

데이터

연구를 통해 수집된 정보. 데이터는 여러 분야에 근거가 되는 내용들을 제공할 수 있다. 연구자가 다음에 탐구할 내용을 선택하는 데 도움이 될 수 있고, 홍보 담당자가 더 나은 홍보를 위해 사람들을 설득하는 데 도움이 되기도 한다. 이러한 데이터 작업을 **통계**라고 한다.

과학자가 어떠한 연구 대상을 조사하고 싶다면 가장 먼저 데이터라고 하는 정보를 모아야 해요. 관찰, 계산, 검증 수행과 같은 방법으로 데이터를 모을 수 있어요. 검증 수행은 다른 데이터를 사용해 프로그램이 옳게 작동하는지를 시험하고, 정상적으로 작동하면 출력된 결과와 비교하는 일을 말해요. 그리고 모든 활동은 기록되어야 해요.

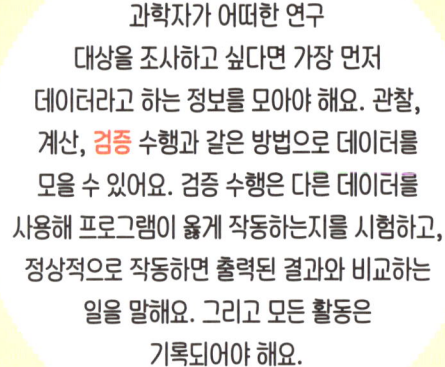

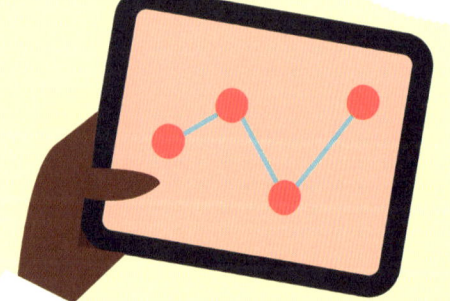

데이터는 표와 그래프 및 각종 자료를 알기 쉽게 정리한 차트로 표시할 수 있어요. 이를 통해 주제를 쉽게 이해할 수 있고 비정상적인 것, 흥미로운 것, 더 좋게 바꿀 수 있는 것을 알아낼 수 있어요.

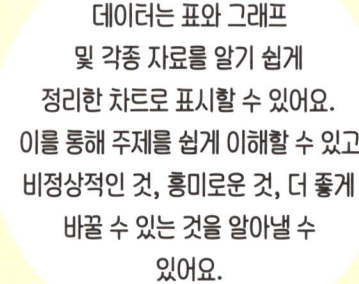

플로렌스 나이팅게일

간호사로 유명한 플로렌스 나이팅게일은 이전까지 군 병원에서 아무도 가지고 있지 않았던 데이터를 모아 효과적인 분석을 할 수 있었어요. 플로렌스는 매달 사망하는 군인의 수, 사망 원인을 파악했어요. 그리고 차트를 통해 사망 원인이 병원의 청결 상태라는 것을 증명했답니다.

변수

변경할 수 있는 **실험** 또는 **검증**의 요인. 좋은 실험을 설계하는 방법은 어떤 부분이 변수이고 어떤 부분이 다른 실험에서도 일정하게 **통제**가 가능한지 아는 것이다.

가장 좋은 실험은 한 가지만 확인하도록 설계된 실험이에요. 한 가지가 유일한 변수이고 다른 모든 조건은 매번 똑같아야 해요.

이를테면 색깔이 공이 튀는 높이에 영향을 미치는지 알아보기 위한 실험에서 변수는 공 색깔이에요. 그 외에 공의 크기, 재질, 떨어뜨리는 높이 등의 나머지 조건은 모두 같아야 해요.

코딩에서의 변수

컴퓨터는 변수를 통해 **프로그램**에서 변경되는 내용을 알 수 있어요. 게임을 하면서 획득 점수에 따라 아이템을 바꾸거나 늘릴 수 있듯이, 변수는 프로그램이 진행되면서 언제든 변할 수 있는 정보 상자와 같아요. 변수의 정보에 따라 프로그램도 다른 결정을 내릴 수 있어요.

화학과 반응

켈빈 온도 <small>절대 온도, K</small>

온도를 측정하는 국제단위계(SI) 방법. 전 세계 여러 나라에서 보통 섭씨온도(℃)나 화씨온도(℉)로 온도를 말하지만, 과학자는 온도를 측정하기 위해 켈빈 온도(절대 온도)라는 단위를 사용하고, 기호로 K를 쓴다.

섭씨온도는 얼음의 녹는점을 0℃, **물**의 끓는점을 100℃로 정해 그 사이를 똑같은 간격으로 나눈 단위고, **화씨온도**는 얼음의 녹는점을 32℉, 물의 끓는점을 212℉로 정해 그 사이를 똑같은 간격으로 나눈 온도 측정 단위예요. 켈빈 온도의 1도 간격과 섭씨온도의 1도 간격은 같아요. 그러나 켈빈 온도 시작점(0도)은 섭씨온도 시작점에 비해 273.15도 더 높아요. 따라서 물이 어는 온도인 0℃는 273.15K이에요.

0K은 **절대 영도**라고 불러요. 이것은 가장 차가운 온도를 말해요.

이 온도 체계는 이 눈금을 개발한 물리학자 켈빈 경(1824년 ~1907년)의 이름을 따서 지었어요.

	물의 끓는점	
100℃		373K
	물의 어는점	
0℃		273K
	절대 영도	
-273℃		0K

섭씨   켈빈

국제단위계 SI

우리가 잘 알고 있는 것들을 포함해서, 사물을 측정하는 여러 가지 방법들이 있어요. 그중에서 과학자는 서로 정확히 이해하기 위해 SI 측정값을 사용해요.

길이 **미터(m)**   질량 **킬로그램(kg)**   시간 **초(s)**

전류 **암페어(A)**   밝기 **칸델라(cd)**

분젠 버너

실험실에서 사용되는 가열 장비. 분젠 버너는 기체를 태워 불꽃을 만든다. 불꽃은 다루기 쉽고 **실험**에서 화학 물질을 가열, 살균 또는 태우는 데 사용한다.

공기 구멍 닫았을 때

공기 구멍 열었을 때

가스는 고무 파이프를 통해 버너로 흘러 들어가요. 성냥이나 라이터를 가져다 대면 불꽃이 타오르죠. 몸통의 밸브는 가스와 공기의 양을 조절할 수 있어요. 가스와 공기가 섞이는 양을 조절하면 다른 색과 다른 모양의 불꽃을 볼 수 있어요.

공기가 거의 들어가지 않은 '안전한 불꽃'이 길고 노랗게 타고 있어요. 밸브를 열어 공기를 넣어 주면 불꽃이 거의 보이지 않을 정도로 더 뜨겁고 푸르게 타오릅니다.

로버트 분젠

독일의 과학자 로버트 분젠은 1850년대에 독일 하이델베르크대학의 새로운 연구실 설계를 도울 때 이 장비를 발명했어요. 당시 하이델베르크 지역에서는 가스 가로등을 사용하고 있었기 때문에 실험실에서 사용하도록 설계할 수 있었어요. 오늘날 분젠 버너는 전 세계의 실험실에서 사용되고 있어요. 우리나라에서는 안전 등의 이유로 전기로 열선을 데워 사용하는 핫플레이트나 가스레인지인 랩 버너를 주로 사용해요.

pH

액체가 얼마나 산성 또는 염기성인지를 나타내는 숫자.
0부터 14까지 분포하며, 0은 매우 강한 **산**이고
14는 매우 강한 **염기**(알칼리)다.
물과 같은 중성 물질은 pH 7이다.

산은 수소 이온을 가지고 있어서 산성이라고 불러요. 수소 이온은 다른 물질과 반응성이 크기 때문에 용액에 수소 이온이 많을수록 강한 산성을 띠어요. 염기에는 수산화 이온이 들어 있고, 다른 물질과 반응성이 크기 때문에 그 수가 많을수록 염기성은 더 강해져요.

중성 물질에는 수산화 이온과 수소 이온이 거의 같은 양으로 있어요. +를 띠는 수소 이온과 −를 띠는 수산화 이온이 같은 양이므로 전기적으로 균형을 이루고, 두 이온이 반응하여 물을 만들기도 해요. 중성에서 멀어질수록 물질은 산성 또는 염기성이 강해지기 때문에 위험할 수 있어요.

pH 측정표

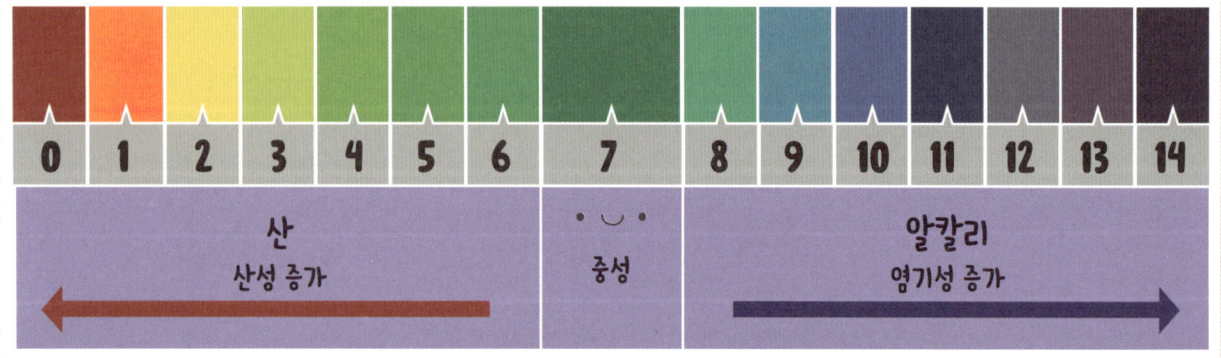

pH 측정하는 법

pH를 측정하는 쉬운 방법은 리트머스 종이를 사용하는 방법이 있어요. 이 종이는 화학 반응을 일으키는 특별한 **시약**을 함유하고 있으며, 시험 중인 액체에 담그면 pH를 나타내는 색으로 변해요. 색깔이 변한 리트머스 종이와 pH 표에서 같은 색을 나타내는 숫자를 통해 pH 값을 알 수 있어요.

비료

식물이 자라는 것을 돕는 영양분. 비료는 식물이 필요로 하는 **영양소**를 포함하고 있고, 자연적으로 만들어진 **유기물**에서 또는 화학적으로 공장에서 **합성**해 얻을 수 있다. 식물은 토양에서 뿌리를 통해 영양분을 흡수한다.

동물의 배설물(똥과 오줌)에는 동물의 몸에서 필요하지 않은 영양소가 들어 있어요. 배설물이 토양에 들어가 배설물 속 영양소가 흙으로 흡수되면 유기 비료 역할을 하게 돼요.

퇴비는 식물과 채소로 만든 음식 찌꺼기로 만들어져요. 식물과 음식이 분해될 때 가지고 있던 영양분이 토양으로 다시 흡수돼요.

합성 비료는 공장에서 만들어지며 질소, 인, 칼륨을 함유하고 있어요. 하지만 가끔 비료에 너무 많은 영양분이 있어 식물이 모든 영양소를 흡수하지 못하고, 물로 흘러 들어가 환경오염을 일으킬 수 있어요.

우리는 왜 비료가 필요할까?

식물이 자라면서 토양에서 영양분을 섭취하고, 영양분이 식물의 일부가 돼요. 동물은 식물을 먹음으로써 식물의 영양분을 흡수하죠. 그러나 이것은 영양소가 토양에서 빠져나갔다는 뜻이기도 해요. 그래서 우리는 다음 수확을 위해 식물의 성장기마다 비료를 뿌려 줘야 합니다.

유기물

결합

함께 모이는 것을 뜻하며, **물리학** 및 화학에서는 둘 또는 그보다 많은 알갱이가 모여 새로운 하나가 될 때를 이른다.

여러 종류의 알갱이가 작은 것부터 큰 것까지 다양한 크기로 결합할 수 있어요.

대기 과학에서는 구름 속 **물**방울들이 떨어질 수 있을 만큼 충분히 큰 빗방울로 결합해요. 빗방울이 창문을 타고 흘러내리면서 결합하는 걸 볼 수 있어요.

천체 물리학에서는 **물질**이 결합해 새로운 별을 만들 수도 있어요.

끌어당김, 인력

물방울이 가까이에 있을 때 조금이라도 닿으면, 즉시 결합해요. 마치 서로를 끌어당기는 것처럼 보여요. 일단 서로 결합하면, 새롭고 더 큰 물방울이 됩니다.

증발

액체가 기체로 변하는 것. 건조한 날에 액체 상태의 물웅덩이가 점차 사라지는 현상을 볼 수 있는데, 이유는 **물**이 **수증기**로 증발해 **공기** 중에 섞이기 때문이다.

증발은 강, 연못, 심지어 음식과 음료에서도 항상 일어나고 있어요.

공기 중 수증기의 양은 항상 변하며 공기가 수증기를 받아들이는 양에는 한계가 있어요. 공기 중에 수증기가 적을수록, 공기는 수증기를 받아들일 수 있는 '공간'에 여유가 있기 때문에 물이 더 쉽게 증발할 수 있어요.

이러한 공기 중 물의 양을 우리는 **습도**라고 불러요.

안개 낀 아침

자연 상태에서 증발은 거의 볼 수 없어요. 액체가 사라진 상태 외에는 증발이 일어났다는 것을 확인하기 힘들어요. 하지만 추운 아침에는 잔디에 맺혔던 이슬(물)이 증발해 차가운 공기 속에서 다시 응결되면서 들판에 안개가 끼는 것을 볼 수 있어요. **응결**은 수증기가 다시 액체가 되는 증발의 반대 현상이에요.

온실가스

108

온실은 외부 **공기**보다 따뜻하게 유지해 식물을 보호하도록 설계되어 있다.
온실가스는 지구 대기에 머물러 추위를 막아 주는 방한복처럼
지구를 따뜻하게 해 준다. 만약 온실가스가 없다면,
지구의 평균 **온도**는 영하 18℃가 될 것이다.

온실 효과는 우주로 다시 빠져나갈 수 있는 것보다 더 많은 **태양 에너지**를 '온실' 안에 가둬요.

온실에서 따뜻함을 가두는 건 유리지만, 우리 행성 주변에서는 같은 일을 하는 특별한 기체가 층을 이루고 있어요.

자연적인 온실 효과

인간에 의한 온실 효과

우주로 더 많은 열이 빠져나가요.

우주로 더 적은 열이 빠져나가요.

태양 복사 에너지

태양 복사 에너지

온실가스 층

주요 온실가스는 **이산화탄소**, **수증기**와 **메테인**이에요. 동물은 **호흡**할 때 이산화탄소를 만들고, **소화**할 때 메테인을 만들어요. 수증기는 **물 순환** 과정에서 만들어져요.

무엇이 문제일까?

지구에 사는 생명체는 따뜻함에 기대어 생활하기 때문에 온실 효과는 꼭 있어야 해요. 문제는 지난 300년 동안 우리가 너무 많은 온실가스를 만들어 왔고, 그 효과가 너무 강해졌어요. 그래서 전 세계 기후가 자연 스스로 회복할 수 있는 것보다 빠르게 변하고 있어요.

오존

옅은 푸른색 기체로, **산소**가 결합한 형태 중 하나. 땅 가까이에 너무 많으면 자극적이고 독성도 있다. 하지만 대기에서는 **태양** 빛 중 해로운 빛으로부터 우리를 보호하는 중요한 층을 만든다.

오존층은 두께가 겨우 몇 밀리미터(1cm도 안 됨) 정도고, 지구 위쪽 성층권에 자리해요. 오존층은 태양으로부터 자외선(UV) 빛을 흡수해요. 오존이 없다면, 자외선은 지구 표면의 생명체를 죽일 수도 있어요. 자외선을 너무 많이 쬐면 햇볕에 화상을 입거나 심지어 암에 걸릴 수도 있고, 눈을 심하게 다칠 수 있어요.

태양 복사

오존층

남극 위 오존층에 구멍이 생겨 태양 광선에 의한 위험이 더 커졌어요. 약품과 산업에 사용되는 화학 물질 때문에 구멍이 나서 많은 나라들이 이 구멍을 줄이기 위해 사용을 제한했어요.

오존 구멍

오존 분자

우리가 숨을 쉴 때 사용하는 흔한 산소의 형태는 산소 원자 2개가 연결되어 있어요. 화학 기호는 O_2지요. 이와 달리 오존은 산소 원자 3개로 이루어져 있고, 기호는 O_3예요. 번개가 칠 때처럼 **공기** 중에 **전기**가 흐를 때 만들어져요.

판구조론

110

지구 지각의 판들이 움직이고 상호 작용하는 방식을 설명하는 이론.
지구 표면의 땅과 바다는 뜨거운 **맨틀** 위에 떠 있는 거대한 암석 '판'으로
이루어져 서로 스치고 부딪힌다.

세계 모든 땅은 한때
하나로 붙어 있는 <u>판게아</u>라고
불리는 거대한 초대륙이었어요.
1억 8천만 년 전쯤, 판게아가 쪼개져
작은 조각들로 나뉘기 시작했어요.
그리고 이 지각 판은 지금도 여전히
움직이고 있어요.

- 맨틀
- 내핵
- 외핵
- 지각

지구의 매우 뜨거운 핵이
판을 움직여요. 핵 주변에서
열이 올라와 뜨겁고 액체처럼 움직일
수 있는 암석을 지각 쪽으로 올라가게 해요.
지각 주변에서는 이것을 차갑게 식혀 아래로
가라앉게 하죠. 이러한 현상으로 어떤 곳은
판과 판을 멀어지게 밀어내고, 또 어떤 곳은
판과 판을 가깝게 끌어당기는 흐름을
만들어요.

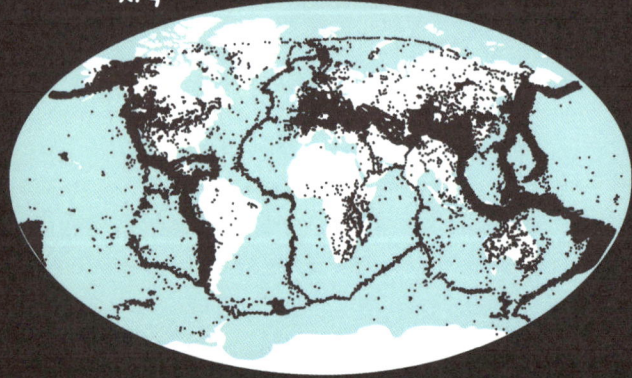

판을 발견하다

과학자들은 지진과 **화산**이 일어나는 위치를
정확히 찾아 지도에 그려 판의 경계를 알아냈어요.
판 구조 모델이라고 불리는 이 지도는 지각 판의
경계 주변이 강조되어 있어요. **지진**은
주로 판 가장자리 주변에서 일어나요.

변성암

변성은 변하는 것을 뜻한다. 변성암은 **퇴적암**이나 **화성암**이 두껍게 쌓인 퇴적암층 아래에 묻히거나 마그마 근처에서 매우 뜨거워져서 변한 암석이다. 이때 암석은 변하지만 녹지 않는다.

석회암(퇴적암 중 하나)은 지하 깊은 곳에서 압력을 받으면 **대리암**이 돼요. **점판암**(슬레이트)은 점토가 압력과 **열**을 받아 마치 구워지듯이 만들어져요.

변성암이 깊은 지하에서 지표면으로 이동하려면 지구 지각이 천천히 위쪽으로 밀려 올라가는 아주 오랜 시간이 걸려요. 결국 풍화 작용이 암석을 땅 위로 드러나게 해요.

암석은 지하 깊숙한 곳이나 지구의 지각 판들이 만나는 곳에서 변성이 일어나요.

압력

열

풍화 작용

암석은 풍화 작용을 받아 깨지거나 상해요. 대리암이나 점판암(슬레이트)처럼 단단한 변성암도 마찬가지죠. 암석은 **산성** 물질을 만나면 닳아 없어질 수 있어요. 산성비(오염으로 생김)가 건물을 서서히 닳아 없어지게 하는 이유예요. 레몬주스는 산성이고 집 안의 비싼 대리석 바닥을 망가뜨릴 수 있어요!

퇴적암

퇴적물이 층층이 서로 쌓이고 너무 무거워져서 수백만 년에 걸쳐 변한 암석. **물**이나 빙하, 바람에 의해 모래, 자갈, 생물 뼈 등이 운반되어 쌓이는 현상이 퇴적이다. 사암이나 **석회암**을 예로 들 수 있다.

퇴적물

퇴적암을 이루는 퇴적물은 모래, 진흙, 자갈로 이루어져요. 커다란 바위가 바람과 물에 의해 깎이고 닳아 떨어져 나와 강과 시내로 흘러 들어가요.

바다

땅

퇴적물이 만든 층

강과 시내가 비탈 아래로 흐르면서 퇴적물을 띄워 옮긴 뒤 더 하류에 퇴적시켜요. 대부분의 퇴적물은 바다에 도착해 바닥으로 가라앉아 서서히 층층이 쌓여요.

- - - - 암석으로 바뀌는 층

퇴적물

퇴적물은 액체의 바닥에 가라앉아요. 신선한 오렌지주스 한 잔을 잠깐 두면 작은 조각들이 바닥에 가라앉는 것을 볼 수 있어요. 그리고 주스를 휘저으면 다시 섞여요. 강과 개울에서도 같은 일이 일어나기 때문에 물이 흐를 때는 맑아 보이지 않아도 호수와 연못은 맑을 수 있어요.

화성암

한번 녹았다가 다시 식어 버린 암석.
마그마나 용암에서 나오며
지구의 거의 모든 위쪽 지각을 이룬다.

화성암 종류는 700가지가 넘어요! 마그마나 용암이 얼마나 빨리 식는지에 따라 **분자**가 모여 **광물질**로 굳는 방법이 달라지고, 이는 각각 다른 특성을 갖는 암석을 만들기 때문이에요.

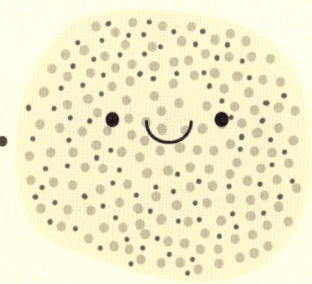

흑요석은 짙은 검은색이나 녹색을 띤 화산 유리예요. 암석을 이루는 입자들이 모여 광물의 결정 구조를 만들 수 없을 정도로 빠르게 식어서 만들어져요. 또 가장자리가 날카로워요.

부석은 용암이 **화산** 밖으로 터져 나올 때 땅으로 떨어지면서 공기 방울이 만들어지고 그대로 식어서 굳어 생긴 가벼운 암석이에요.

안 또는 밖

몇몇 화성암은 용암이 폭발하거나 화산 꼭대기에서 흘러나와 화산 밖에서 빠르게 식어서 만들어져요. 그러나 마그마가 모두 화산 밖으로 나오지 않으므로, 몇몇 화성암(**관입암**이라고 부름)은 마그마방 부근 지하 안에서 매우 천천히 식어 만들어져요.

관입암

마그마방

지진학

땅 아래에서 무슨 일이 일어나고 있는지 알아내기 위해 지구 표면 진동을 연구하는 학문. 지진을 찾고, 암석층, **화산** 구조에 대해 배우고, 석유 지역을 찾을 수 있게 도와준다.

지진학자는 땅의 진동을 감지하는 기구를 사용해요. 지구의 지각은 **맨틀** 위를 떠다니며 천천히 움직이는 몇몇 커다란 판으로 이루어져 있어요.

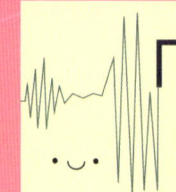

리히터 규모

- 초거대지진 — 8
- 거대지진 — 7
- 강지진 — 6
- 중지진 — 5
- 경지진 — 4
- 소지진 — 3, 2

8.0 또는 그보다 큰 규모
진원 근처의 지역 사회를 완전히 파괴할 수 있어요.

7.0 ~ 7.9
심각한 피해를 일으켜요.

6.1 ~ 6.9
사람들이 많이 모여 있는 지역에 피해가 커요.

5.1 ~ 6.0
건물이 약간 깨지거나 상해요.

3.0 ~ 5.0
자주 느껴지지만 피해는 작아요.

2.9 또는 그보다 작은 규모
보통 느껴지지는 않지만, 지진계로는 기록될 수 있어요.

판이 움직일 때의 진동이 지각을 통해 전해져요. 가끔 큰 진동이 일기도 해요. 이를테면 판과 판이 부딪혀 가장자리에서 지진이 일어나거나 화산이 분출할 때 강한 지진이 일어나요. 지구 안쪽에서 지진의 원인인 암석 파괴가 시작된 곳을 진원이라고 해요.

지진의 강도는 **리히터 규모**로 측정해요.

지진 해일(쓰나미)

해일은 바다에서 엄청 큰 파도가 밀려와 육지로 넘쳐 들어오는 것을 말해요. 해일에는 폭풍 해일과 지진 해일이 있고, 지진 해일은 '쓰나미'라고도 하죠. 만약 물속에서 화산이 폭발하거나 지진이 일어난다면, 그 진동으로 지진 해일이 일어날 수 있어요. 연못에 바위를 떨어뜨렸을 때처럼 파도가 바깥쪽으로 물결치는데, 파도가 깊은 물에서 바닷가 근처 얕은 곳으로 이동하면서 점점 높아져 엄청나게 큰 해일이 돼요. 이렇게 커진 지진 해일이 육지에 닿으면 피해가 매우 큽니다.

이터븀

부드럽고 밝은 은빛 광택을 가진 화학 **원소**. 화학 기호는 Yb이고 **원자 번호**는 70으로, 각 **원자핵**에 70개의 **양성자**를 가지고 있다는 뜻이다.

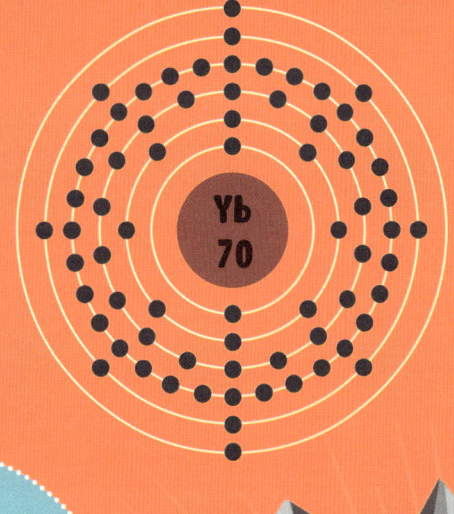

이터븀은 **희토류 원소**(REEs)라고 불리는 17개의 원소 중 하나예요. 희토류 원소들은 특별히 희귀하지는 않지만, 지구 전체에 고르게 퍼져 있어서 어느 한곳에 그리 많지 않아요. 이터븀은 주로 중국, 미국, 브라질, 인도에서 채굴해요.

이터븀은 **적외선** 레이저를 만드는 데 사용되며, 스테인리스강을 만들 때 조금 사용되고 있어요.

희토류의 고향 이테르비

이터븀이라는 이름은 스웨덴의 작은 마을 이테르비(Ytterby)에서 따왔어요. 이 마을 근처의 한 채석장에서 8개의 새로운 원소가 발견되었어요. 1790년대부터 화학자들은 채석장에서 발견된 검은 물질을 분석하여 이트륨(Y, 39번), 어븀(Er, 68번), 터븀(Tb, 65번), 이터븀(Yb, 70번) 등의 새로운 원소를 발견했어요.

다이너마이트

1860년대 알프레드 노벨에 의해 발명된 폭발물. 다이너마이트는 가장 안전하면서도 강력한 폭발물이었으며, 19세기부터 전 세계에서 암석을 폭파하고, 건축과 탐사를 위한 공간을 확보하는 데 사용된다.

기폭 장치
(뇌관)

폭약

심지

보호 코팅

다이너마이트 이전에는 액체인 **나이트로글리세린**이 가장 강력한 폭발물이었어요. 그러나 약한 충격에도 폭발하는 등 다루기가 어려워 사용하기에 너무 위험했어요.

노벨은 나이트로글리세린을 **규조토**에 섞어 다이너마이트를 발명했는데, 이 폭발물은 안전하게 다룰 수 있었고, 막대 모양으로 만들 수 있었어요.

다이너마이트는 매우 유명해져서 노벨은 많은 돈을 벌었고, 오늘날에도 여전히 광물을 캐내는 채굴, 건설, 건물 철거에 사용되고 있어요.

노벨상

노벨은 죽기 전에 고민했어요. 그리고 자신의 재산이 세계 평화를 위해 사용되기를 원했어요. 그래서 노벨의 유언에 따라 노벨 재단을 설립했고, 매년 화학, 문학, 평화, 물리학, 생리학·의학, 경제 분야의 가장 뛰어난 업적에 대해 노벨상을 수여하고 있어요.

중합체

하나의 매우 큰 분자를 만들기 위해 함께 결합된 여러 개의 **분자**로 구성된 화학 물질. 일부 중합체는 같은 분자가 반복된 형태로 구성되어 있다.

천연 중합체와 **합성** 중합체가 있어요. 둘 다 견고하고, 원하는 모양을 만들기 쉽고, 튼튼하고, 오래 사용할 수 있는 경향이 있어요.

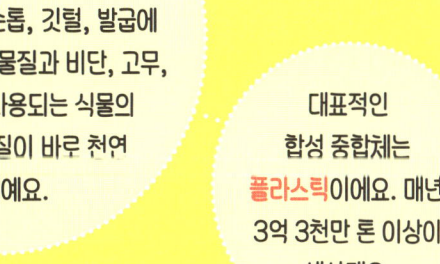

식물과 동물은 자연적으로 우리가 사용하는 천연 중합체를 생산해 내요. 동물의 털, 손톱, 깃털, 발굽에 있는 **케라틴**이라는 물질과 비단, 고무, 종이의 재료로 사용되는 식물의 섬유소 같은 물질이 바로 천연 중합체예요.

대표적인 합성 중합체는 **플라스틱**이에요. 매년 3억 3천만 톤 이상이 생산돼요.

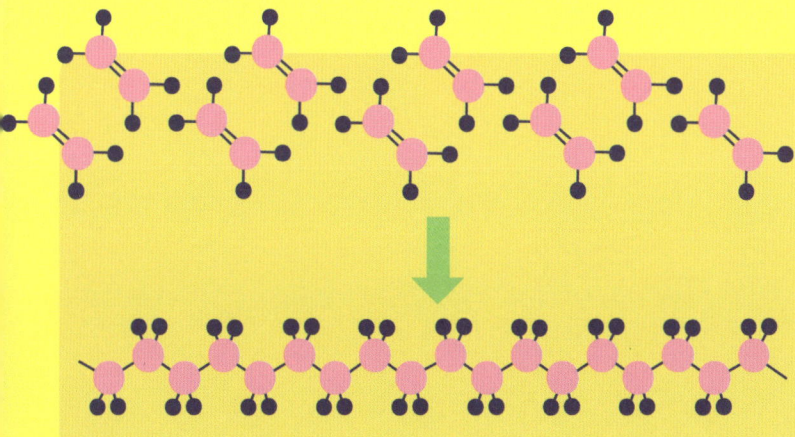

많은 것 중 하나

'중합체(polymer)'라는 단어는 '많은 부분'을 뜻하는 그리스어에서 왔어요. **단량체**(monomer)는 하나의 부분을 말해요. 폴리에틸렌은 함께 묶여 있는 많은 에틸렌 분자들(단량체)로 이루어져 있어요. 폴리염화비닐(PVC)은 염화비닐을 결합하여 만든 단단하거나 유연한 플라스틱의 한 종류예요.

점성

액체가 얼마나 쉽게 흐르는지 또는 얼마나 잘 흐르지 않는지를 설명하는 방법.
만약 액체가 점성이 높으면 잘 흐르지 않는다.
점성이 낮으면 빠르고 쉽게 흐른다.

물은 점성이 낮아 쉽게 흘러요. 물이 수도꼭지에서 어떻게 흐르고 튀고 쏟아지는지를 생각해 보세요. 점성이 낮은 액체로는 **기름**, 우유, 혈액이 있어요. 이 세 액체는 모두 물보다 진해요. 즉 점성이 낮지만, 물보다는 점성이 높은 물질이에요.

점성이 높은 액체는 접착제와 꿀이 있어요. 걸쭉하고 천천히 흘러내리죠.

점성을 바꾸는 온도

물질의 점성을 바꿀 수 있는 한 가지는 온도가 있어요. 끈적끈적한 꿀을 데우면 점성이 떨어지고 퍼지기 쉽게 변해요. 액체를 식히면 점성이 더 높아질 수도 있어요. 자동차 엔진 오일은 저온에서도 점성이 낮기 때문에 추운 기후에서도 엔진을 계속 가동할 수 있어요.

효모

미생물, 맨눈으로 볼 수 없을 만큼 아주 작은 생명체 중 하나. 효모는 하나의 세포로 이루어진 단세포이며 균류의 일종으로 주방에서 술과 빵 등 발효 음식을 만드는 데 사용한다.

효모는 당을 알코올과 이산화탄소(CO_2)로 바꿔요. 이 현상을 알코올 발효라고 부릅니다. 하나의 효모 세포는 빠르게 번식하여 효모 세포 집단을 만들 수 있고, 이때 이산화탄소를 만들어요.

맥주를 만들 때, 효모는 혼합물 속 설탕을 먹고 맥주의 알코올과 이산화탄소 거품을 만들어요.

빵을 만들 때 효모는 설탕을 먹고 밀가루의 당을 알코올과 이산화탄소로 바꿔요. 이산화탄소 거품이 빵 속에 공기층을 만들어 빵을 부풀어 오르게 해요. 알코올은 오븐에 구울 때 타서 사라져요.

가장 좋은 상태

맥주를 만들 때 효모가 가능한 한 효율적으로 자라고 발효될 수 있도록 하려면 특정 조건이 완벽해야 해요. 적절한 온도, 충분한 산소, 충분한 설탕, 그리고 다른 해로운 미생물들의 방해가 없어야 해요.

300여 개의 STEAM 개념어를
간단히 찾아 쉽게 익혀 보아요!

세상이 보이는
STEAM 개념어 사전

분홍색으로 **굵게** 표시된 단어와 페이지는 100가지 STEAM 개념어에 자세히 설명되어 있으니, 제시된 페이지에서 더 많은 정보를 확인해 보세요.

가설   97

가속도   물체의 단위 시간당 속도가 증가한 정도를 측정한 값.   63

각도   만나는 두 선 사이의 벌어진 정도를 측정한 값.   71, 82, 88, 90

각도기   기하학에서 각도를 측정하기 위해 사용되는 반원 모양의 도구.   90

갈라파고스 제도   태평양 적도의 섬 집단. 찰스 다윈이 1830년대에 방문하여 서로 다른 섬에 사는 핀치새의 차이점을 발견했다.   30

감마선   전자기 스펙트럼에서 가장 에너지가 강력한 것. 암세포를 죽이는 데 사용된다.   69

강수   비, 눈, 우박처럼 하늘에서 내리는 모든 물. 그와 관련한 날씨.   43

검증   과학자들이 생각해 낸 가설이 사실인지 아닌지 확인하는 과정.   97, 98, 99

결합   106

계(界)   지구상의 생명체는 식물, 동물, 균류를 포함한 계로 분류된다.   34, 39

고도   해수면을 기준으로 위로 높이를 측정한 값.   81

고생물학자   화석을 연구하는 과학자.   47

공기   지구에 있는 기체들의 집합.   16, 17, 40, 44, 53, 58, 81, 103, 107, 108, 109

공생   31, 33

관성   62

관입암   지하에서 만들어진 화성암.   113

광물질 ⇒ **무기 염류**

광섬유   82, 83

광수용체   빛을 잡기 위한 화학 물질.   41

광합성   36, 38, 39, 40, 41

교류   67

국제단위계 ⇒ **SI**

궤도   55, 56, 59

규소   반도체에 사용되는 화학 원소.   79

규조토   충격에 약한 나이트로글리세린을 안전하게 사용하기 위해 섞었던 하얀 가루로, 안전하게 다룰 수 있는 폭발물 다이너마이트가 이렇게 발명되었다.   116

균류   36, 39, 119

금성   우리 태양계에서 태양으로부터 두 번째 자리한 행성.   55

기계   85

기공   기체가 들어오고 나갈 수 있는 잎의 뒷면에 있는 구멍.   40

기관(氣管)   공기가 코와 입으로 들어와서 폐로 갔다가 다시 밖으로 내보내지는 통로.   16

기관(器官, Organ)   폐나 신장처럼 특정한 기능을 하기 위한 몸의 구조.   16, 19, 20

기관지   기관이 2개의 기관지로 나뉘는데, 각 기관지는 연결된 각 폐와 공기를 주고받는다.   16

기름   지질의 액체 형태.   27, 118

기생   한 생명체가 다른 생명체에게 피해를 주며 같이 사는 관계.   33

기압   공기에 의해 만들어지는 압력.   44, 58, 81

기압계   44, 81

기체 교환   동물이 에너지를 생산하기 위해 숨을 쉴 때 폐에서 기체가 교환된다. 버려지는 이산화탄소가 혈액을 떠나 신선한 산소로 대체된다.   16

기하학 90

꽃가루 꽃이 만든 가루. 바람, 물, 곤충 따위에 의해 암술머리에 옮겨져 씨앗이나 열매를 맺는다. **33, 53, 58**

꿀 벌이 먹이로 사용하며 꽃이 만드는 달콤한 액체. **33**

끈 이론 양자 물리학을 일반 상대성 이론에서 발견한 내용들과 결합하여 우주의 모든 것을 설명하는 물리학 이론. **52**

나사 회전하며 작동하는 간단한 기계. **85**

나이트로글리세린 무색의 유독한 폭발성 액체. 약한 충격에도 폭발하는 등 다루기가 어려워 사고가 많았다. **116**

낙엽 42

난황 29

네프론 혈액에서 물과 노폐물을 거르는 신장의 한 부분. **19**

노벨상 알프레드 노벨의 유언에 따라 화학, 문학, 평화, 물리학, 생리학·의학, 경제 분야에서 가장 뛰어난 업적을 남긴 사람에게 매년 주어지는 상. **116**

뉴턴 59, 60

다이너마이트 116

단량체 중합체에서 일정한 형태로 반복되는 가장 작은 단위의 분자 구조. **117**

단백질 신체에서 다양하고 중요한 역할을 하는 세포에서 만들어진 큰 분자. 머리카락, 손톱과 같은 신체의 특정 조직을 구성하는 요소며 질병과 싸우고 다른 반응이 일어나도록 돕는다. **21, 26, 28, 29**

당 액체 속에 녹아 있는 단순한 형태의 탄수화물. **22, 41, 119**

대기 과학 44, 81, 106

대리암 석회암이 압력과 열을 받아 변해 만들어진 변성암. **111**

데이터 44, 84, 98

도도새 멸종한 조류. **30**

도르래 무거운 짐을 더 쉽게 들어 올릴 수 있는 간단한 기계. **85**

도체 전기나 소리 같은 에너지가 쉽게 흐를 수 있는 물질. **80**

동공 눈의 앞쪽에 있는 빛이 들어오는 구멍. **18**

동맥 피를 몸의 각 기관으로 운반하는 혈관. **19**

동물학 34

DNA 21, 22, 23, 24, 25, 26

라디오파 라디오를 통해 소리 정보를 방송하는 데 사용하는 긴 파장의 에너지. **68, 69, 83**

레오나르도 다빈치(Leonardo da Vinci, 1452년~1519년) 이탈리아 르네상스 시대에 살았던 예술가, 과학자, 공학자로 인체 해부도를 그렸다. 그린 그림만큼 발명품도 많으며, 세계에서 가장 유명한 예술품을 그렸다. **14**

루프 95

르네상스 시대 400~500년 전 유럽에서 과학, 예술 및 문학 등 여러 분야에 걸쳐 큰 발전을 이루었던 기간. 85, 89

리보솜 유전 암호를 단백질로 바꾸는 세포소기관. 그러나 막으로 둘러싸여 있지 않다. 21, 26

리히터 규모 지진의 강도를 측정하는 크기 기준. 114

마이크로파 음식을 더 빠르게 조리하기 위해 사용하거나 레이더나 전화 신호에 사용하는 파동 에너지. 69

마이클 패러데이(Michael Faraday, 1791년~1867년) 전자기 유도와 전자기가 이용될 수 있는 여러 가지 유용한 방법들을 발견한 영국의 과학자. 64

마찰 61, 62

막 세포나 세포소기관을 둘러싸는 주머니. 세포를 둘러싸면 세포막, 핵을 둘러싼 주머니는 핵막이다. 17, 25, 26, 27

망막 눈의 가장 뒤에 있는 막으로, 빛을 감지하여 받아들인 시각 정보를 전기 자극으로 바꾸어 시신경을 따라 뇌로 들어가게 한다. 18

맨틀 두께가 1,800km 정도고 지구의 대부분을 차지하는 지각 아래의 층. 110, 114

먹이 그물 먹이 사슬의 집합. 36

먹이 사슬 먹고 먹히는 관계로 연관된 식물과 동물 집합. 36, 37

메리 애닝(Mary Anning, 1799년~1847년) 영국 라임 레지스에서 태어나 분석(똥 화석)을 포함해 많은 공룡 화석을 발견한 화석 수집가이자 고생물학자. 47

메테인 소화의 찌꺼기인 방귀 속에 포함된 온실가스. 108

면역학 20

멸종 살아 있는 개체가 남아 있지 않을 때 종은 멸종된 것이다. 30, 47

명왕성 우리 태양계 속 왜소행성(왜행성) 중 하나. 55

모계 유전 유전 물질을 어머니(암컷)로부터만 받는 것. 25

목성 55

무기 염류(광물질) 자연에서 발견되는 화학적 원소 또는 화합물. 우리 식단에서 중요한 영양소이기도 하고, 지질학에서는 광물질이라고 한다. 28, 29, 45, 113

무성 생식 생명체가 단독으로 자손을 만든다. 24

무척추동물 동물 중 척추뼈가 없는 동물. 34

물 식물과 동물이 살아가는 데에 꼭 필요한 화학 물질. 수소 원자 2개와 산소 원자 1개로 만들어진 분자. 27, 35, 38, 40, 41, 43, 45, 102, 104, 106, 107, 112, 118

물리(학) 원자보다 작은 입자에서 우주 전체에 이르기까지 물리적 세계에 대한 연구. 52, 62, 71, 72, 106, 116

물 순환 43, 108

물질 고체, 액체, 기체의 어떤 상태든 세상에서 공간을 채우는 모든 것. 36, 39, 54, 59, 106

미각(맛) 음식, 음료 그리고 다른 것들을 입과 혀의 신경을 통해 감지하는 것. 17

미생물 현미경으로 볼 수 있는 작은 생명체. 20, 58, 119

미세 플라스틱 작은 조각으로 잘려서 먹이 사슬에 들어올 수 있는 플라스틱. 37

미터 거리 측정을 위한 표준 단위. 63, 102

미토콘드리아 25, 26

ㅂ

박테리아 ⇒ 세균

반도체   상황에 따라 전기가 통하거나 통하지 않는 물질. 79

반사   68, 71, 82

반향정위   32

받침점   지레가 한쪽에서 다른 쪽으로 기울도록 하는 지레의 회전점. 85

발아   38

발전기   78

발효   당을 알코올과 이산화탄소로 바꾸는 과정으로, 빵이나 술을 만들 때 사용하는 과정. 119

방광   우리가 화장실을 가기 전까지 오줌을 모아 두는 신체의 한 부분. 19

방사선   69, 72, 73

방사성   분해되면서 핵 방사선을 방출하는 입자. 69

배설물   똥을 부르는 다른 말. 47

배아   태어나기 전이나 알에서 깨어나기 전에 자라고 있는 동물의 아기. 29

배터리(축전지)   전기 에너지로 전환하여 사용할 수 있는 화학 에너지를 저장한 곳. 66, 67, 72

백신   병을 앓지 않고, 특정 질병에 대해 면역력을 갖는 방법. 20

백혈구   질병과 싸우는 혈액 세포. 20

번식 ⇒ 생식

변성암   111

변수   99

변형   수학에서 모양이 바뀌는 것. 71

병원체   해를 입히는 미생물. 20

보청기   트랜지스터를 사용해 소리를 크게 들리게 하는 기구. 79

복사   열의 세 가지 이동 방법 전도, 복사, 대류 중 하나. 고온의 물체에서 저온의 물체로 직접 에너지가 전달되는 것. 108, 109

볼드체   강조하기 위해 기본 글자보다 두껍게 쓴 글자. 89

부석   용암이 식으면서 안쪽에 공기 방울과 함께 굳어 만들어진 가벼운 암석. 113

분류   비슷한 생물 종끼리 묶는 것. 34

분석   47

분수   정수의 일부. $\frac{1}{2}$, $\frac{2}{3}$. 91

분자   2개 혹은 그 이상의 원자가 서로 결합된다. 21, 22, 23, 26, 58, 81, 109, 113, 117

분젠 버너   103

분해자   다른 유기물을 분해하여 먹이를 얻는 세균이나 균류와 같은 생명체. 36

불임   자손을 생산할 수 없는 개체. 34

브라운 운동   53

비료   105

비타민   우리 몸이 작동하거나 질병을 스스로 치료하기 위해 꼭 필요한 영양소 중 하나. 28, 29

빅뱅   54

빗면   무거운 물체를 쉽게 들어 올릴 수 있도록 도와주는 경사로와 같은 간단한 기계. 85

빛   우주에서 제일 빠르며 우리 눈이 무엇인가 볼 수 있게 만들어 준다. 18, 31, 38, 40, 41, 54, 67, 68, 69, 70, 71, 73, 82

빛의 속도 초속 299,792,458미터. **82**, **91**

산(성) 피부와 금속을 태우고 석회암과 같은 암석을 녹일 수 있는 물질. **22**, **104**, **111**

산소 동물이 호흡할 때 몸으로 들어오고 식물이 생산해 내는 원소. 분자 형태는 O_2다. **16**, **27**, **40**, **109**, **119**

3차 소비자 먹이 사슬에서 2차 소비자를 먹는 생명체. **37**

상대성 이론 우주 전체가 어떻게 움직이는지 설명하는 물리학의 한 부분. **52**

상록수 항상 잎을 달고 있는 나무. **42**

상리공생 공생 관계에 있는 두 유기체가 생존을 위해 서로를 필요로 하는 것. **33**

생명체(유기체) 살아 있는 식물, 동물, 곰팡이 등. **24**, **28**, **33**, **35**, **36**, **37**, **39**, **119**

생물 발광 **31**

생산자 **36**, **37**

생식(번식) **22**, **24**, **119**

생식 세포 생식에 사용되는 세포. 인간에서 여성 생식 세포는 난자, 남성 생식 세포는 정자다. **24**

생태계 **35**, **37**

생태학 생태계를 연구하는 학문. **37**

석회암 단단한 퇴적암 중 하나. **111**, **112**

선천성 면역 태어나면서부터 갖는 면역. **20**

섭씨온도 얼음의 녹는점을 0℃, 물의 끓는점을 100℃로 정해 그 사이를 같은 간격으로 나눈 온도 단위. **102**

성층권 땅 위로 10km에서 50km 정도 떨어진 지구를 둘러싼 대기층 중 하나. **109**

세계시 **57**

세균 현미경으로 관찰되는 단세포 생물. 영어로 '박테리아'라고 하고, 일부는 질병을 일으키지만 대부분 우리가 건강하게 사는 것을 돕는다. **24**, **31**, **35**, **36**

세기관지 공기를 폐 깊숙이 운반하기 위해 기관지가 더 작은 세기관지로 나뉜다. **16**

세포 식물과 동물을 이루는 단위. 수많은 형태의 세포가 있고 각각 다른 일을 한다. **17**, **18**, **20**, **21**, **22**, **25**, **26**, **27**, **29**, **73**, **119**

세포막 ⇒ 막

세포소기관 미토콘드리아처럼 세포 안에서 특정한 일을 하는 구조. **25**

세포질 세포를 가득 채우고 있는 젤리 같은 물질. **26**

셀룰로스 식물의 세포벽을 만드는 물질. **39**

소리 귀를 통해 감지할 수 있는 에너지의 파동. **32**, **61**, **68**, **69**, **70**, **72**, **80**

소립자 원자를 구성하는 여러 종류의 입자 중 하나. **51**

소비자 스스로 먹이를 만들지 못하여 식물이나 동물을 먹는 생명체. **36**, **37**

소수 **23**, **93**

소실점 물체의 연장선을 그었을 때 선과 선이 만나는 지점으로 우리가 바라보는 시선에 영향을 준다. **86**

소화 에너지를 얻기 위해 음식으로부터 영양분을 얻는 과정. **37**, **108**

속도 물체가 특정 방향으로 이동하는 빠르기와 방향을 모두 나타낸다. **63**, **82**, **91**

속력 어떤 것이 얼마나 빨리 움직이는지를 측정한 것. 62, 63

수 91, 92, 93, 96

수각류 고기를 먹고 두 발로 걸었던 공룡 종류. 46

수뇨관 신장에서 방광으로 오줌을 운반하는 관. 19

수성 우리 태양계에서 태양에 가장 가까운 첫 번째 자리한 행성. 55

수소 기체 상태의 화학 원소로 지질을 포함한 유기 분자에서 발견된다. 지구에서 가장 흔한 원소 중 하나다. 27, 54, 55, 104

수정체 동공 뒤에 있는 눈의 부분으로 빛이 망막에 맞혀 명확하게 대상을 볼 수 있게 한다. 18

수증기 기체 상태의 물. 43, 58, 107, 108

숫자 수를 나타내는 글자. 91, 92

스케치 87

습도 공기 중에 얼마나 많은 수증기가 있는지를 나타내는 정도. 44, 107

습도계 습도를 재는 도구. 44

시각 17, 18, 32

시각 피질 시신경으로부터 우리가 본 것을 특정 정보로 번역하는 뇌의 부분. 18

시간대 지구는 한 시간 간격으로 24개 시간대로 나뉜다. 57

시력 ⇒ 시각

시신경 눈에서 뇌로 가는 정보를 전달하는 신경. 18

시약 다른 물질과 화학 반응을 일으키는 물질. 104

신소체 ⇒ 네프론

신장 19

실험 가설을 확인하기 위한 방법. 99, 103

실험실 과학 실험을 위해 만들어진 장소. 103

십(10)진법 각 숫자가 오른쪽 숫자보다 10배 큰 값을 갖는 수를 세는 방법. 91

쐐기 도끼처럼 무언가를 쪼개거나 조이는 간단한 기계. 85

쓰나미 ⇒ 지진 해일

CO_2 ⇒ **이산화탄소** 이산화탄소의 화학 기호.

아날로그 컴퓨터 기반 또는 디지털이 아닌 것. 94

아이작 뉴턴(Isaac Newton, 1643년~1727년) 중력이 땅으로 끌어당기는 힘이라는 것을 처음으로 알아차린 영국의 과학자. 59, 60, 62

아인슈타인 ⇒ 알베르트 아인슈타인

알고리즘 94

알베르트 아인슈타인(Albert Einstein, 1879년~1955년) 아인슈타인은 역사상 가장 위대한 물리학자 중 한 명이다. 그는 상대성 이론을 발전시켰고 양자 역학을 연구했다. 53

RNA 세포 속 핵 안에 있는 핵인에서 만들어지며, DNA 정보를 단백질로 바꾸는 것을 돕는다. 26

알칼리 ⇒ 염기

알코올 발효 과정에서 당으로부터 만들어지는 유기 물질의 종류. 119

암페어 전류의 세기를 나타내는 국제단위계(SI) 기본 단위로 기호는 A로 쓴다. 102

양성자 양(+)전하를 띠는 원자핵의 입자. 50, 51, 115

양자 물리학 52

양추아노사우루스 43

에너지 일하고 움직이고 마시는 등의 일을 할 수 있게 하는 능력. 25, 27, 28, 33, 36, 40, 41, 66, 68, 69, 72, 73, 78, 80, 108

SI(국제단위계) 과학자들이 측정할 때 사용하는 표준 단위. 102

AI 84

ATP 동물 세포에서 에너지를 저장하는 화학 물질로 아데노신 3인산을 의미한다. 25

X-선 69, 76, 77

MRI 스캐너 MRI 스캐너는 병원이나 실험실에서 살아 있는 인체에 해를 끼치지 않고 관찰하기 위해 사용한다. 스캐너는 자기장과 전파를 이용하여 신체 내부를 상세하게 사진으로 찍어 낼 수 있다. 14

열 우리가 온기로 느끼는 에너지. 69, 72, 108, 111

열역학 72

염기 생물학에서 유전 암호를 구성하는 물질로, 네 가지 중 하나의 분자로 구성된다. 아데닌, 구아닌, 티민, 사이토신이 있다. 23

염기(알칼리) 강하면 해를 입힐 수 있는 물질. 산성 물질과 반응하여 중화되고 물을 생성한다. 104

염기 서열 23

염색체 21, 23

엽록소 41, 42

영(0) 92

영양 단계 37

영양분 ⇒ 영양소

영양소 25, 28, 33, 35, 39, 105

오존 73, 109

오줌(urine) 혈액 속의 노폐물과 수분이 신장에서 걸러져서 몸 밖으로 배출되는 액체. 19

O_2 ⇒ 산소 산소의 화학 기호.

온도 어떤 것이 얼마나 뜨거운지를 나타내는 크기. 35, 84, 102, 108, 118

온실가스 108

와이파이 83

용반류 '도마뱀 엉덩이'를 가진 공룡 집단. 46

우량계 강우량(비의 양)을 측정하는 도구. 44

운동 에너지 운동하고 있는 물체가 갖는 에너지. 72

원근법 86

원소 다른 물질로 쪼개지지 않는 화학 물질. 각각의 원소는 고유의 원자로 이루어져 있다. 115

원자 26, 50, 51, 52, 54, 56, 69, 109, 115

원자 번호 핵의 양성자 수에 따라 가지는 원자의 고유한 번호. 115

원자핵 원자의 중심에 위치하는 크기가 작고 원자의 질량을 대부분 차지하는 요소. 50, 51, 56, 115

위성 행성이나 별 주변을 도는 것. 사람이 만들거나 자연이 만들 수 있다. 56

위치 에너지 높이 올라갈수록 물체 내부에 저장되는 에너지. 댐에서 높은 곳으로 끌어 올린 물은 떨어지면서 전기 에너지를 생산한다. 72

유기물 과거에 살았던 생물의 물질을 포함하거나 또는 탄소로 만들어진 물질. 105

UV ⇒ 자외선

유성 생식 한 종의 두 개체가 함께 자손을 만든다. 24

유전자 눈 색깔과 같은 특정 형질을 표현하는 암호를 포함하는 DNA의 한 부분. 21, 22, 23, 24

유화 물과 지방을 흔들거나 섞었을 때 분리되지 않고 방울 형태로 유지되도록 만들어 주는 것. 27

육식 동물 고기를 먹는 생명체. 36, 46

음영 종이에 색칠할 때 연필의 누르는 힘을 조절하여 그림의 밝고 어두운 정도를 표현하는 방법. 88

응결(하다) 수증기(기체)가 물(액체)로 변하는 현상. 43, 107

이산화탄소 온실가스 중 하나. 각 분자는 1개의 탄소와 2개의 산소 원자로 구성된다. 화학 기호는 CO_2다. 16, 40, 108, 119

이온 전하를 띤 원자 또는 분자. 104

이중 나선 소용돌이처럼 빙글빙글 비틀려 돌아가는 모양을 나선이라고 하고, 두 가닥의 DNA가 이중으로 꼬여 있는 모양이 이중 나선이다. 21

이진법 컴퓨터와 광섬유가 데이터를 보내고 통신하는 데 사용하는 0과 1만 사용하여 만든 코드 혹은 0과 1 두 가지만을 사용하여 숫자를 나타내는 방식. 82, 83

2차 면역 ⇒ 적응 면역

2차 소비자 먹이 사슬에서 1차 소비자를 먹는 생명체. 37

이탤릭체 89

이터븀 115

인 비료에 사용되는 화학 원소. 105

인공지능 ⇒ AI

인력 두 물체가 서로 당기는 힘. 자석, 중력 또는 두 물방울이 하나의 큰 물방울로 합쳐질 때처럼 두 물체가 서로 당기는 힘이다. 59, 65, 106

인수 한 숫자를 다른 숫자의 곱으로 표현했을 때 요소를 이루는 숫자. 6 = 2 x 3에서 2나 3. 93

인지 15

1차 소비자 먹이 사슬에서 생산자를 먹는 생명체. 37

입력 컴퓨터나 프로그램으로 들어가는 명령이나 정보, 혹은 감각을 통해 받아들이는 정보. 84, 94, 95

자기공명영상 스캐너 ⇒ MRI 스캐너

자리 숫자 자리마다 쓰일 수 있는 하나의 숫자. 12에서 1이나 2. 91

자릿값 수의 자리가 가진 값. 123에서 1의 자릿값은 100이다. 91, 92

자석 자성(자기적 성질)을 띠는 물체로 반대 극끼리는 끌어당기고 같은 극끼리는 밀어낸다. 64, 65, 78

자성 쇠붙이를 끌어당기거나 남북을 가리키는 등 자기적 성질을 띤 물체가 나타내는 여러 가지 성질. 65

자외선 태양에서 나오는 방사선의 일종으로 보이지 않는 빛이지만 생명에 해를 끼칠 수 있다. 줄여서 UV 라고 한다. 69, 73, 109

잡식 동물 식물과 동물을 모두 먹는 생명체. 37

적외선 열을 내는 데 사용되는 전자기 스펙트럼 에너지의 한 종류. 69, 115

적응 30

적응 면역 질병에 감염되거나 백신에 의해 몸이 배우게 되는 면역. 20

전기 회로에 전류가 흐르도록 하는 에너지원. 전자 장치에 전력을 공급하는 데 사용된다. 64, 65, 66, 67, 78, 79, 80, 109

전사 단백질을 만들기 위해 DNA의 유전 암호를 '읽는' 과정. 21

전압   66, 67

전압계   전압을 측정하는 도구. 66

전자   음(-)전하를 가지고 있고, 전기를 만들 때 도움이 되는 원자의 구성 요소. 50, 51, 56, 66, 67

전자기(학)   52, 64, 78

전자기 스펙트럼   태양으로부터 방사되는 전자기 에너지의 범위. 스펙트럼은 다양한 파장과 에너지를 포함한다. 69, 73, 76

전자석   전기로 켜고 끌 수 있는 자석. 64, 65

절대 영도   온도 중 가장 낮은 온도로 0K(켈빈)을 말하며, -273.15°C다. 102

절대 온도 ⇒ 켈빈 온도

절연체   64, 80

점묘   다양한 양의 점을 추가하여 그림의 색조를 변경하는 방법. 88

점성   118

점판암   점토가 압력과 열을 받아 만들어진 변성암. 111

정맥   몸속 기관에서 나오는 혈액이 운반되는 혈관. 19

정수   자연수(양의 정수)와 음의 정수, 영(0)을 통틀어 이르는 말. 91

정자체   일반적으로 사용되는 글자로, 똑바로 쓰는 글자체. 89

조반류   '새 엉덩이'를 가진 공룡 집단. 46

조직   피부나 근육과 같이 하나의 단위로 함께 작용하는 몸의 세포 집합. 20, 77

종   생식을 통해 자손을 생산할 수 있는 생명체 집단. 30, 34

중력   38, 56, 58, 59, 60

중성자   전하를 띠지 않는 원자핵의 입자. 50, 51

중합체   117

쥐라기   특정 공룡이 살았던 2억 100만 년 전에서 1억 4,500만 년 전 사이까지 지속된 지질 시대. 46

증발(하다)   43, 107

증폭   전류나 소리를 더 크게 만드는 것. 79

지구   우리 태양계에서 태양으로부터 세 번째 행성이며, 우리가 사는 행성. 43, 54, 55, 56, 57, 58, 59, 69, 108, 109, 110, 111, 113, 114, 115

지레   무거운 짐을 들어 올리는 간단한 기계. 85

지방   지질의 고체 형태. 27, 28, 29

지진   지각 판이 움직여서 땅이 이동하는 현상. 110, 114

지진학   114

지진 해일(쓰나미)   바다나 바다 근처에서 지진이 있고 난 뒤에 일어날 수 있는 거대하고 파괴적인 파도. 114

지질   27

직각   두 선이 90°에서 만나는 곳. 68, 90

직각자   기하학에서 직각을 그리기 위해 사용하는 도구. 90

직류   전기가 한 방향으로 계속 흐를 때를 말하며 교류의 반대다. 67

진공   58

진동수   파동 발생지(파원)에서 파동이 1초 동안 몇 번 진동했는지처럼 특정한 시간 동안에 같은 상태가 몇 번 일어났는지를 뜻한다. 68

진폭   파동의 높이. 68

진화 종은 진화라는 과정을 통해 변화한다. 많은 세대에 걸쳐 환경에 성공적으로 살 수 있도록 진화한다. 환경에 적합한 개체가 더 많은 자손을 낳고 유전자를 다음 세대에 더 많이 퍼뜨릴 수 있기 때문이다. 30

질량 물질이 가지고 있는 고유한 양으로 킬로그램 단위로 나타낸다. 59, 102

질소 비료에 사용되는 화학 원소. 105

짝짓기 두 개체가 유성 생식하는 것. 24, 31, 34

척추동물 동물 중 척추뼈가 있는 동물. 34

천연 자석 65

천왕성 우리 태양계에서 태양으로부터 일곱 번째 자리한 행성. 55

천체 물리학 별과 우주의 모든 것을 연구하는 학문. 106

청각 우리의 귀를 통해 소리를 듣는 감각. 17

초 시간을 잴 때 사용하는 기준(표준) 크기. 54, 63, 91, 102

초식 동물 식물을 먹고 고기는 먹지 않는 동물. 37, 46

초음파 14, 77

촉각 피부에서 신경을 이용해 느낀 감각. 17

최상위 포식자 어떤 동물에게도 잡아먹히지 않는 포식자. 37, 46

축바퀴 물건을 더 쉽게 옮길 수 있는 간단한 기계. 85

출력 컴퓨터 프로그램이나 알고리즘의 결과. 94

침식 암석과 땅이 차츰차츰 깎이는 현상. 43, 45

칸델라 빛의 밝기를 측정하기 위한 국제단위계(SI) 기본 단위. 102

칼륨(포타슘) 비료에 사용되는 화학 원소. 105

칼슘 뼈를 만들고 몸의 기능을 돕는 무기 염류. 28

컴퍼스 기하학에서 원을 그릴 때 사용하는 도구. 90

케라틴 머리카락, 손톱, 깃털, 발굽 등에서 발견되는 천연 중합체. 117

켈빈 온도(K) 102

코드 컴퓨터 프로그래밍에서처럼 장치가 이해할 수 있는 다른 형식의 정보. 82, 95

콩팥 ⇒ 신장

쿼크 51, 52, 54

키틴 균류의 세포벽을 구성하는 물질. 39

킬로그램 무게 측정을 위한 표준 단위. 102

타원 길쭉하게 둥근 원 모양. 56

탄소 지질을 포함한 유기 화합물을 구성하는 화학 원소. 27

탄수화물 빵, 감자, 밥처럼 에너지를 주는 영양분. 탄소, 수소, 산소 원자로 이루어져 있다. 28, 40

태반 암컷 포유류의 포궁에서 태아를 키우기 위해 영양을 제공하는 기관. 29

태양 태양계의 중심에 있는 별로 지구의 생명체에게 동력을 공급하는 빛 에너지와 열에너지를 준다. 36, 40, 43, 55, 56, 57, 69, 73, 108, 109

태양계 태양 주위를 돌고 있는 천체 모임. **55**, **56**

터빈 물이나 기체가 흐르는 힘을 이용해 날개바퀴를 회전하게 하는 기계. **64**

토성 우리 태양계에서 태양으로부터 여섯 번째 자리한 행성. **55**

통계 수치와 그래프에서 반복되는 현상이나 정보를 발견하기 위한 작업. **98**

통제 실험의 중요한 부분으로, 검증 중에 다른 부분과 비교하여 동일하게 유지되는 것. **99**

퇴적암 **111**, **112**

트랜지스터 **79**

파동 **68**, **69**, **70**, **77**

파장 파동의 마루와 마루 사이 길이. **68**, **69**, **70**, **73**

판게아 지구 역사 초기에 모든 대륙이 붙어 있던 하나의 큰 초대륙 이름. **110**

판구조론 **110**

퍼텐셜 에너지 ⇒ 위치 에너지

페데시스(Pedesis) 브라운 운동의 다른 표현. **53**

폐 기체 교환이 일어나는 인체의 기관. **16**

폐포 기체가 교환되는 장소로서 허파에 있는 매우 작은 공기 주머니. **16**

포식자 다른 동물을 잡아먹는 동물. **30**, **33**, **37**, **46**

포유류 새들이 깃털을 가진 것과 달리 포유류는 털을 가지고 체온이 일정하며 자손에게 젖을 먹여 키운다. 대부분의 포유류는 알이 아니라 어린 새끼를 낳는다. **32**, **34**

풍속계 바람 속도를 측정하는 도구. **44**

풍향계 기상 관측소에서 바람이 불어오는 방향을 알려주는 도구. **44**

풍화 작용 지표에서 암석과 흙이 깎이거나 닳아 없어지는 현상. **111**

프로그램 컴퓨터가 특정 작업을 하는 데 사용되는 코드 집합. **94**, **95**, **99**

프로세스 알고리즘의 주요 동작 부분, 혹은 특정 결과를 내는 일련의 동작. **94**

플라스틱 내구성이 있고 자연에서 완전히 분해되지 않는 인위적인 중합체. **37**, **80**, **117**

플랑크톤 바다에 사는 작은 생물. **31**

플로렌스 나이팅게일(Florence Nightingale, 1820년~1910년) 나이팅게일은 데이터와 통계를 사용하여 부상당한 병사들의 건강을 개선한 영국 간호사다. **98**

피보나치 수열 **96**

pH **104**

합성 자연적이지 않고, 인공적으로 만들어지는 것. **105**, **117**

항원 특정 질병을 일으키는 병원체 혹은 단백질. **20**

항체 특정한 질병과 싸우기 위해 세포가 만드는 물질. **20**

해부 식물이나 동물을 잘라 내부가 어떻게 생겼는지 보고 이해하는 것. **14**

해부학 **14**

해왕성 우리 태양계에서 태양으로부터 여덟 번째 자리한 행성. **55**

해칭 **88**

핵 **21**, **22**, **26**

핵막 ⇒ **막**

핵 방사선 불안정한 원자가 붕괴하면서 나오는 위험한 방사선의 한 종류. **69**

핵인 핵 내부에서 리보솜을 만드는 구조. **26**

햇빛 ⇒ **태양**

헤디 라마(Hedy Lamarr, 1914년~2000년) 오스트리아 빈에서 태어난 미국 배우로, 와이파이(Wi-Fi)의 발명을 도왔다. **83**

헬륨 원자 번호 2번으로 다른 물질과 거의 반응하지 않으며, 매우 가벼워서 풍선이나 비행선에 사용되는 기체. **55**

협정 세계시 ⇒ **세계시**

호흡 **16**, **108**

홍채 눈에 들어오는 빛을 조절하기 위해 이완하거나 수축하는 눈 앞부분. **18**

화산 뜨거운 용암이 맨틀에서 지각을 통해 폭발하는 곳. **110**, **113**, **114**

화석 **45**, **47**

화성 우리 태양계에서 태양으로부터 네 번째 자리한 행성. **55**

화성암 **111**, **113**

화씨온도 얼음의 녹는점을 32°F, 물의 끓는점을 212°F로 정해 그 사이를 같은 간격으로 나눈 온도 단위. **102**

황금비 ⇒ **황금 비율**

황금 비율 자연에서 흔히 볼 수 있는 1.618 값을 갖는 비율. **96**

회로 전기는 닫힌 회로에서만 흐를 수 있다. **66**, **67**, **72**, **79**

회절 **70**

횡격막 호흡을 조절하기 위해 확장, 수축하는 근육이며 폐 아래에서 몸을 가로지른다. **16**

효모 **119**

효소 식물이나 동물 내부에서 화학 반응이 일어나도록 도와주는 촉매. **25**

후각 **17**

후천성 면역 ⇒ **적응 면역**

휴면 싹이 트기 전 씨앗의 상태. **38**

흑요석 화산 용암이 매우 빠르게 식어서 굳을 때 만들어지는 검은색 또는 녹색 유리. **113**

희토류 원소 화학 원소 중 하나. 지표면에 고르게 퍼져 있어서 어느 한 지역에 많이 존재하지 않는다. **115**

힘 물리학에서 당기거나 미는 것. **59**, **60**, **61**, **62**, **85**

저자 소개

글쓴이
제니 제이코비

과학을 전공한 뒤 현재 작가와 출판 편집자로 일합니다. 학교 연구실에서 일하는 것보다 과학과 인간에 대해 글을 쓰고, 우리가 발견하고 창조한 것이 우리에게 어떤 영향을 미치는지에 대해 관심이 더 많습니다. 지금까지 TV 및 영화 주인공을 소재로 한 활동책과 스템(STEM)을 주제로 20권 이상의 베스트셀러 어린이 책을 썼고, 과학 잡지 출판과 판타지 동화 편집을 지원하는 등 다양한 출판 분야에서 일합니다.

그린이
비키 바커

15년 넘게 위트와 에너지 넘치는 예술 작품과 명확하고 흥미로운 구성으로 어린이 책에 생명을 불어넣은 일러스트레이터이자 예술 감독으로 일했습니다. 영국 리버풀존무어스 대학교를 졸업한 뒤 영국과 미국을 오가며 여러 출판사에서 다양한 책을 다루었습니다. 2018년《Real-Life Mysteries(실생활 미스터리)》로 '사실 그대로를 다룬 최고의 책'이라는 평을 받으며 BBC 블루피터 북 어워드를 수상했고, 2020년 IPG 올해의 젊은 출판인 후보에 올랐습니다. 현재 b small 출판사 아트 디렉터로 일합니다.

옮긴이
신나는 과학을 만드는 사람들

'신나는 과학 정확한 과학 모든 이의 과학'을
모토로, 세상 사람들이 정확한 과학을 신나게 즐기기를
바라는 서울 경기 지역 과학 교사들의 모임입니다. 1993년부터
일주일에 한 번씩 세미나를 통해 과학 및 교육 전반의 현안에
대해 의견을 나누며, 30년째 차근차근 성장해 가고 있습니다.

임현구 한성과학고등학교
서윤희 한성과학고등학교
정지수 오산고등학교
신다인 창덕여자고등학교

THE ENCYCLOPEDIA OF STEM WORDS

Text and illustrations copyright © b small publishing 2022
All rights reserved.

Korean translation copyright © 2023 by BLUE BICYCLE PUBLISHING CO.
Korean translation rights arranged with B SMALL PUBLISHING LIMITED
through EYA Co.,Ltd

이 책의 한국어판 저작권은 EYA Co.,Ltd를 통한
B SMALL PUBLISHING LIMITED와 독점 계약한 파란자전거가 소유합니다.
저작권법에 의하여 한국 내에서 보호를 받는
저작물이므로 무단 전재 및 복제를 금합니다.